机场鸟击防范系列丛书

民航局安全能力建设资助项目

机场物候学基础

施泽荣 白文娟 赵文娟 杨 鑫 编著

合肥工业大学出版社

图书在版编目(CIP)数据

机场物候学基础/施泽荣,白文娟等编著. —合肥:合肥工业大学出版社,2018.1
ISBN 978-7-5650-3723-8

Ⅰ.①机… Ⅱ.①施…②白… Ⅲ.①机场管理—区域物候学 Ⅳ.①F560.81
②Q142.2

中国版本图书馆 CIP 数据核字(2017)第 328402 号

机场物候学基础

施泽荣 白文娟 赵文娟 杨 鑫 编著		责任编辑 权 怡 责任校对 孙南洋
出 版	合肥工业大学出版社	版 次 2018 年 1 月第 1 版
地 址	合肥市屯溪路 193 号	印 次 2018 年 3 月第 1 次印刷
邮 编	230009	开 本 787 毫米×1092 毫米 1/16
电 话	编校中心:0551-62903210	印 张 10.75
	市场营销部:0551-62903198	字 数 255 千字
网 址	www.hfutpress.com.cn	印 刷 合肥现代印务有限公司
E-mail	hfutpress@163.com	发 行 全国新华书店

ISBN 978-7-5650-3723-8 定价:31.00 元

如果有影响阅读的印装质量问题,请与出版社市场营销部联系调换。

序

自古以来，人类对鸟类的飞行都有着极大的兴趣。"列子御风""嫦娥奔月"，翱翔蓝天之梦，自古有之。随着社会的发展，人们对"腰缠十万贯，骑鹤下扬州"的憧憬之心日渐浓厚，充分反映出古代人们对快捷、安全、舒适、美观的飞行器的向往与追求。一百多年前，飞机的发明给人类插上了"金翅膀"，使飞行成为一种抵挡不住的诱惑。

人类的"飞行"，比鸟类晚了1.5亿多年。随着科学技术的不断发展，人类终于可以与鸟类共游一片蓝天。然而，蔚蓝的天空并不平静，当飞机与鸟类同时使用同一空域时，鸟击灾害就发生了。据不完全统计：全世界民航业，每年有大约2万起不同程度的鸟击灾害发生，造成直接和间接经济损失约150亿美元。以美国为例，该国民航业每年因鸟击灾害导致直接经济损失约6.3亿美元、间接经济损失约25.2亿美元、飞机停场超过50万小时。鸟击灾害给人类造成了巨大的生命和财产损失，也带来了巨大的社会影响和心理压力。自20世纪50年代以来，全世界因鸟击造成的灾害共计：民航业有103架飞机损毁，706架飞机被击伤，3980人伤亡；军事航空有312架军机损毁，981架飞机损伤，396名飞行员伤亡（其中272人死亡、124人受伤）。更为严重的是，2005年美国"发现"号航天飞机升空时，燃料箱前端遭遇鸟击造成严重后果，因此，国际航空联合会（FAI）把鸟击灾害定为"A"级航空灾难。鸟击造成的灾害，也使人们在乘坐飞机时平添了几分心悸。

在人们的想象中，柔弱的小鸟与飞机相撞是以卵击石，而事实绝非如此。飞机真的害怕小鸟，鸟击飞机的威力非同一般。据测定，一只800g的小鸟，在飞机相对速度为300～500km/h时撞击飞机，就相当于一枚小型炮弹击中飞机。一只小鸟如果被吸进发动机，就会阻塞进气道或打断涡轮叶片，导致空中停车、失火或操纵失控，造成灾难事故。

鸟击灾害并非是个新问题，早在1912年，美国人卡尔·罗杰斯（Karl

Rogers）驾机飞越美洲大陆时，就因鸟击导致坠机身亡。随后，为防止鸟击灾害的发生，飞机设计专家做了大量改进。但是，喷气发动机时代的到来，进一步加剧了鸟击灾害的发生。因为，早期飞机活塞式发动机噪音大、速度慢，鸟类在空中还来得及避让飞机，即使发生鸟击灾害其损失也比较小，然而，现代喷气式飞机的速度快、噪音小、体型大，发动机的涡轮叶片与螺旋桨极易受到鸟击而遭受损坏。因此，如何减控鸟击灾害的发生，确保飞行安全，已成为各国政府共同关心的一个大问题。

随着航空业的快速发展，鸟击灾害问题被列入航空业的议事日程，因地制宜地制定综合防治与控制措施，坚持"以防为主、防治并举、土洋结合、经济有效"的原则，"治早、治小、治了"，及时清除飞行安全隐患，已成为全人类的基本共识。目前，摆在我们面前的现实是，机场上空和地面上的鸟类及其他有害生物，已成为飞行安全的大敌。因此，要防止鸟击灾害、确保飞行安全，就不能等到事故发生了才仓促应对，而要"以防为主"，打主动仗，在鸟类迁徙、集群、繁殖、扩散及活动峰值期，做好防控工作。也就是说，不但要认识防治对象，熟悉防控措施，还要掌握相应的鸟类及其他有害生物的活动规律，通过系统的调查研究和周密的计算分析，综合各种信息来预测（判断）鸟击灾害发生的高峰期、发生数量以及可能受到危害的航线、机种、飞行高度等。只有做到"知己知彼"，才能取得最佳的防治效果。鸟击灾害基础理论的研究工作，是我国鸟击灾害防治工作的基础，是减控鸟击灾害的重要环节，是保证飞机安全起降的重要工作。

在机场鸟击灾害防治工作中，我们要建立一支以机场专业人员为主的鸟击防灾专业队伍，广泛开展鸟击防范基础理论的研究工作，形成特有的鸟击防范理论体系和防灾综合治理模式，从而及时、有效地防治鸟击灾害的发生，为飞行安全做出贡献。

机场鸟击防范是一项崭新的、前所未有的工作，与气象、地质、害虫等自然灾害相比，鸟击防范没有完整的理论体系，缺乏先进的仪器设备、专业的技术人才，更没有深厚的理论基础积淀。可以说，机场鸟击防范工作，国内外起步都很晚，在理论体系的建设、应用技术的研究开发以及人才培养等方面都是白手起家。为开拓这一新的领域，广州民航职业技术学院的教师们抓住机遇，率先协同相关专家学者进行深入探讨与研究。首先，从基础理论体系建设入手，针对机场鸟击灾害的特点，编写出一套综合性的"机场鸟击防范系列丛书"，初步形成了较为完整的理论体系；其次，以全国不同生态、不同区域的民用和军用机场为研究基地，为培养鸟击防范专业技术人才，建立了一套鸟击防范综合治理模式；再次，利用现代雷达扫描技术，研究航空鸟击灾害预测预报与控制技术。

"机场鸟击防范系列丛书"让我耳目一新，特别是《机场鸟击防灾预测与预报技术》。据我了解，目前国内外尚无他人开展这一领域的系统研究工作，这是一种创新和探索。该系列丛书的出版，为我国在鸟击防范工作理论体系建设方面抢占世界理论研究和实践的制高点创造了条件，并且首开先河，开拓思路，为后续研究夯实了基础。该系列丛书既有比较深厚的理论基础，又有丰富的实践案例，图文并茂，通俗易懂，集科学性、实用性、可读性于一体。由于时间等诸多原因，该系列丛书不够完善，甚至有不少疏漏之处，尽管如此，仍希望其能得到相关专家学者和同行的批评、指正；同时，也期盼更多的同仁及有兴趣的人士能够了解、支持并加入这一研究领域，为提升我国机场鸟击防范技术水平，实现有效治理做出贡献。毋庸置疑，该丛书必将对我国鸟击防范工作起到积极的指导和促进作用。可以说，它是一套具有科研参考价值和教学实用价值的好书，这是我在阅读该丛书后的观感，也是欣然为序的原因。相信广大读者读后也会有同感。

希望本套丛书的出版能进一步推动我国鸟击防范工作的进步，使鸟击防范理论研究、新技术应用及鸟击防范人才培养工作，走在世界的前列。

广州民航职业技术学院院长　吴万敏

二〇一五年五月十八日

目　　录

第一章 概 述

一、物候学研究

随着应用技术在人们生产生活中的推广与应用，近年来，物候学越来越引起人们的高度重视，特别在农事活动、自然灾害的预测及鸟击灾害的防范和养生保健等领域，物候学备受青睐。物候学主要是研究自然界的植物（包括农作物）、动物和环境条件（气候、水文、土壤条件）的周期变化及其之间相互关系的科学，目的是认识它们变化的规律，以服务于农业生产、航空业和科学研究。

物候学与气候学、鸟击防灾测报学及昆虫预测预报学等比较相似，都是观测各个地方、各个区域四季变化与其他生物相关的科学，这些学科都具有地方性、区域性和专业性的特点。物候学和气候学、鸟击防灾测报学及昆虫预测预报学等，在测报领域可以说是"四姊妹同行"，所不同的是，气候学是观测和记录一个地方的冷暖晴雨、风云变化，而推测其原因和趋势；鸟击防灾测报学是利用物候学研究鸟类迁徙、扩散活动，预测鸟击征候发生与防治的一门科学；昆虫预测预报学是利用气温变化，预测昆虫的发生期、危害期及适时防治的一门应用性科学；物候学则是记录一年中植物的生长荣枯，动物的来往迁徙、栖息、繁殖，从而了解气候变化及其对动植物的影响。

在日常生活中，观测气候是记录当时当地的天气变化情况，如某地某天刮风，某时下雨，早晨最低温度多低，午后最高气温多高等。而物候记录如"杨柳绿，燕始来""清明到，麦叫叫"（麦子中间的一节可以做哨子，其声十分优美）等，则不仅反映当时的天气，而且反映了过去一个时期内天气的积累。如1962年初春，北京天气比往年冷一点，山桃、杏树、紫丁香都延迟开花。从物候的记录可知季节的早晚，所以，物候学也称为生物气候学。鸟击防灾应根据物候的变化做好准备，某种鸟类要迁入或经过机场及周边地区时应做好防范，确保飞行安全，例如杨树新叶2.5cm时，夜鹭开始迁入华北地区的中南部地区，并可推算出夜鹭等鸟类迁来本区机场及周边地区的始见期、高峰期和终止期，从而做好鸟击防范的驱避工作。从农业生产角度看，观察昆虫的活动就是弄清某种害虫何时迁入本区，危害何种作物，如何制订防治适期等。

人类利用物候服务农业生产有悠久的历史，我国最早的物候记载见于《诗经·豳风·七月》。"四月里薿草开了花，五月里蝉振膜发声""八月里枣子熟了可以打下来，十月里稻子黄了可以收割""鸟宿迟，雨淋淋""东虹日头，西虹雨"以及处暑"三候"等，那都是广大农民，在长期的生产实践中的经验的记载。到春秋时代，物候已逐步规范了，在一

些大的人类聚集区，特别是农业生产连片的平原区域，已经有了每逢节气的日子记录物候和天气的传统，而且已经知道燕子在春分前后来，在秋分前后离去。《管子》中已有"大暑、中暑、小暑"（《幼官篇》）的季节划分；"大寒、中寒、始寒"（《幼官图》）和"冬至、夏至、春至（分）、秋至（分）"（《轻重己篇》）等固有的名称；又说到关于节候反常的现象"春行冬政则凋，行夏政则欲"（《四时篇》）以及节候与农时的关系"夏至而麦熟，秋始而黍熟"（《轻重己篇》）等。这些都是古书中较早说到气候的，其他如《夏小正》《吕氏春秋·十二纪》各纪的首篇、《淮南子·时则训》《礼记·月令》等书中，更有依节气而安排的物候历。寻其演变源流，各书有关这方面记述，基本都来源于管子之言，但后人做了一些增补。我国著名学者汉代郑玄在为《礼记》作注时，在其目录部分十分明确地说："《月令》出自《吕氏春秋》。"清陈澧说："《吕氏春秋》虽为吕不韦的门客所作，其说则出于管子。"近代著名史学家郭沫若也说："《管子·幼官篇·幼官图》为《吕氏春秋》十二纪的雏形。"唐杜佑《通典》更是直截了当说："《月令》出于《管子》。"

从上述的记述看，《管子》是开创并汇集劳动人民在这方面的经验的先行者之一，后来逐渐发展，为周、秦时代传承，并在长期的生产实践中，不断完善，从而成为比较完整的一个物候历。如在《礼记·月令》二月条下，列举了下述的物候：这时走进了二十八宿中的奎宿，天气慢慢地暖和起来，每当晴朗天气，可以见到美丽的桃花盛放，听到悦耳的鸧鹒鸟歌唱。一旦有不测风云，气候发生变化，可能迅速出现下雪或下雨的现象。到了春分节前后，昼和夜一样长，人们年年见到的老朋友燕子（图 1-1）（家燕、金腰燕俗称），也从南方回来了。燕子回来的那天，皇帝还亲自到庙里进香，新春伊始，皇帝以此祭拜先祖，祈福新年风调雨顺。此时，在冬天销声匿迹的雷电，也悄悄振作起来；匿伏在土中、屋角的昆虫和一些小动物，如刺猬（图 1-2），也苏醒过来，结束了冬眠，开始生儿育女；农户们，准备春耕生产，把农具和房子修理好，此时，皇帝规定国家不能多派差事给农民，免得妨碍耕作。这是 2000 多年以前，人们对黄河流域初春时物候的描述。

图 1-1 春 燕

从上述材料可以看到，我国古代广大劳动人民之所以积累物候知识，一方面是为了应对生产，以维护生产的持续发展；但更主要的是为了科学耕种与收获。如《淮南子·主术训》篇所讲的"蛤蟆鸣，燕降，而达路除道……昴中则收敛蓄积，伐薪木"，即听见蛤蟆叫，看见燕子来，就要农夫们去修路……等秋天叶落时要去伐木。

图 1-2　初春的刺猬

在现代人看来，有许多地方不理解，或许有人要问：自从 16～17 世纪温度表、气压表发明以后，气温、气压可以凭科学仪器来测量；再加以十八十九世纪以后，各种气象仪器的逐步改进，直到 20 世纪中后期，雷达、火箭和人造地球卫星等先进设备成为气候观测的"千里眼"，在气象观测上广泛应用，人们借助计算机技术，可以在很短的时间里，收集到来自全国各地甚至世界各国的气象信息，气候学得到迅速的发展和广泛的应用。但是，物候学直到如今还是靠人的眼睛和耳朵去观察，在这个信息时代，物候学还有作用吗？

从古至今，物候学这门学科都是一门应用技术，起源于农业生产，核心是服务于与物候有关的人类活动，特别在现代技术条件下，物候学又为鸟击防灾测报、确保飞行安全服务，现如今其对于农业生产和航空业的安全都具有很大作用，它依据的是比仪器复杂得多的生物。各项气象仪器虽能比较精密地测量当时的气候要素，但是对于季节的迟早尚无法直接表达。举例来说：1962 年春季，华北地区的气候比较冷，然而，五一节那天早晨，北京的温度记录却比前一年和前两年同一天早晨的温度高 2℃～3℃之多。也就是说，不具体使用一个时期之内的温度记录来分析，就说明不了问题。但如果从物候来看，就容易看出来，1962 年北京的山桃（图 1-3）、杏树、紫丁香和五一节前后开花的洋槐的花期都推迟了，比 1961 年迟了 10 天左右，比 1960 年迟 5～6 天（图 1-4）。我们只要知道物候，就会知道这年北京季节是推迟了，农事也就应该相应地推迟。可是 1962 年北京地区部分农村，在春初种花生等农作物时，仍旧照前两年的日期进行，结果受了低温的损害。若能注意当年物候延迟的情况，提前预报，预先做好防范工作，农业、牧业遭受损失就会比较小，甚至可避免遭受损失。

图 1-3　1962 年北京的山桃花

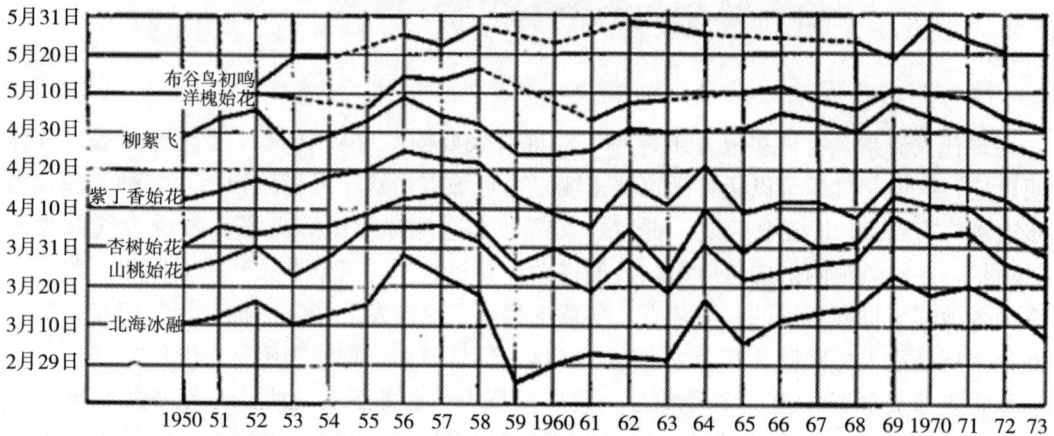

图 1-4　北京春季物候现象变化曲线图（1950—1973）

又如，2005 年 3 月 26 日，大批夜鹭迁入首都国际机场附近的苇沟及温榆河一带，如提前预测夜鹭群量以及其活动范围内飞机的路线、高度、速度等，早做防范，就不至于在 5 月份 1 个月内，连续发生 5 次鸟击事件，由于预测不及时、不准确，故当年夜鹭造成重大的经济损失。

另外，积温（某一段时间内平均气温≥10℃持续期间日平均气温的总和）也可以比较各季节冷暖之差，从而可以预测某种昆虫的始发期、盛发期，进而做好适期防治，节约成本，减少损失。此外，还可以用此法了解温度植物发芽的早晚等。当然，目前我们还看不出温度究竟要积到多少度才对植物发生某种影响，如不经过精心的观察、研究，这类积温数字对指导农业生产、防治重要害虫以及测报鸟类的迁徙和繁衍等意义还是不大的。因此，长期地、精准地观察与研究，才能获得准确的数据信息，才有可能准确地服务农业和航空业。物候的数据是从活的生物身上得来，用来指导农业生产和鸟击防灾预测预报活动很直接，而且方法简单，农业技术人员和机场鸟击防范工作者一般很容易接受。物候学对农业生产和鸟击防灾预测预报的重要性就在于此。

同样的，2005年5月北京地区温度偏高，鱼类在温榆河边浅滩处集群、繁殖，夜鹭、小白鹭、池鹭等在河边的苇沟一带大量集群活动，过境首都国际机场的航线，仅当月就有多次鸟击征候，如果早点做好防范，控制温榆河内的鱼量集群，就可有效地降低降低鸟击征候率。因此，物候学对航空业鸟击征候的测报工作具有重要的现实意义。

从图1-4可以清楚地看到：由北京每年春初北海冰融时期的迟早，可以断定那一年4~5月各类植物如桃、杏、紫丁香、杨树、洋槐开花的迟早。换言之，即北海冰融早，则春末夏初各类花卉也开得早；北海冰融迟，则各类花卉开放时间也延迟。农时的迟早是随植物开花结果的时间而定的，因此，从北京春初北海公园冰融的迟早，人们就可以确定那年北京农时的迟早，华北广大地区也可以以此类推。

二、久远的物候史

物候这一名称，来源很早，我国古代以五日为一候，三候为一气。据记载，《左传》中即有每逢二至、二分等时节，有专人为其记下物候特征的记载的说法。唐代中叶诗人元稹在湖北玉泉道中作诗有句云："楚俗物候晚，孟冬始有霜。"（见《元氏长庆集》卷7）古人把见霜、下雪、结冰、打雷等统称为物候。物候学与气候学等虽然可称为姊妹学科，但物候的观测要比气候早得多，且应用更广。16和17世纪，在温度计与气压表发明以前，人们并不知道在自然条件下还有所谓的"大气"，所以，当时人们对"气候"无所谓。

从史料记载看，我国古代物候知识起源于周、秦时代，当时研究物候的目的，就是为了指导奴隶适时从事农业生产。我国是一个农业大国，农业生产的丰歉对国家的稳定与否十分重要。从春秋战国以来，统治阶级一直重视农业活动的适时。例如《管子·臣乘马》就有"使农夫寒耕暑耘"之说，并具体指出："冬至后60天（即雨水节）向阳处土壤化冻，再过15天（即惊蛰节）向阴处土壤化冻，完全化冻后就要种稷，春事要在25天之内完毕。"《吕氏春秋》一书中的《上农》等篇就是谈农业生产活动的；《十二纪》各纪的篇首曾因袭《管子》，又汇集了劳动人民有关这方面的经验，编为12个月的物候。其后这些节气和物候的知识，更被辗转抄入《淮南子·时则训》和《礼记·月令》等篇。

但是，这些书中所有的物候知识，大多是靠广大劳动人民的实践获得的，是他们在长期的生产生活实践中，不断总结出来的经验。华北一带农民在农事活动中有一种口传的季节九九歌：

一九二九不出手，三九四九冰上走，五九六九沿河看柳，七九河开，八九雁来，九九加一九，耕牛遍地走。

这里所谓"不出手""冰上走""沿河看柳""河开""雁来"讲的都是物候。这就是从人的冷暖感觉、江河的冰冻、柳树的发青、鸿雁的北飞等，来定季节的节奏、寒暑的循环，而其最后目的是为了指导农时，所以，最后一句便是"耕牛遍地走"，这可称为"有的放矢"。特别是第四句，它告诉人们越冬的鸿雁又回来了，这一提示可对我们做好鸟击防范、测报提供依据。从歌中"三九四九冰上走（图1-5），五九六九沿河看柳，七九河

开，八九雁来"几句看来，这一歌谣不适用于淮河流域，也不适用于山西、河北、江苏、河南、安徽等的部分地区，这首季节歌，是当时黄河中下游山东、河南等地方的歌谣。九九是从冬至算起，所以它是以阴历为根据的，一定先有二至二分的知识才会有此歌谣，可见这歌谣也是在春秋战国时代或以后产生的。

图 1-5 隆冬时，在冰面上玩耍的人群

随着时代的发展，汉代铁犁和牛耕普遍应用，人口增加，这使农业有了显著进步，农业生产力大幅提高。二十四节气每一节气相差半个月，应用到农业上已觉相隔时间太长，不够精密，所以，又将节气进行了细分。《逸周书·时训》就分一年为七十二候，每候五天，如说："立春之日东风解冻，又五日蛰虫始振，又五日鱼上冰。雨水之日獭祭鱼，又五日鸿雁来，又五日草木萌动。惊蛰之日桃始华，又五日鸧鹒鸣，又五日鹰化为鸠。春分之日玄鸟至，又五日雷乃发声，又五日始电……"

物候知识起源于广大劳动人民的劳动实践，后来经过人文学者的不断总结，附属于国家历法。但物候是随地而异的现象，南北寒暑不同，同一物候出现的时节相差很远。周、秦、两汉时，国都在今西安地区及洛阳一带，南北东西相差不远，应用在首都附近尚无困难；但如应用到长江以南或长城以北广大地区，就显得格格不入。到南北朝，南朝各国首都在建康，即今南京；北朝有的政权定都在平城，就是今日的大同，黄河下游的物候已不适用于这两个地方。南朝的宋、齐、梁、陈等王朝都很短促，没有更改月令；北魏所颁布的七十二候，据《魏书》所载，已与《逸周书》不同，在立春之初加入"鸡始乳"一候，而把"东风解冻""蛰虫始振"等物候统统推迟 5 天。但平城的纬度在西安、洛阳以北 4 度多，海拔又高出 800 米左右，所以有一物候相差，实际上它们之间的差绝不止一候。

到了唐朝，首都又在长安，北宋都汴梁，即今开封，此时，首都又与秦、汉的旧地相近，所以，唐宋史书所载的七十二候，又和《逸周书》所记载大致相同（秦嘉谟编《月令粹编》卷 23,《月令考》1812 年出版)。元、明、清三朝都城虽都在北京,纬度要比长安、开封和洛阳靠北 5°之多,虽然这时候"二十四番花信风"早已流行于世,但这几代史书所记载七十二候和一般时宪书所载的物候,均是因袭古志,依样画葫芦。不但立春之日"东风解冻",惊蛰之日"桃始华",春分之日"玄鸟至"(图 1-6)等物候,事实上已与北京的物候不相符合,未加改正。古代劳动人民以限于生物学知识而错认的物候,如"鹰化为鸠""腐草化为萤""雀入大水为蛤"等谬误也仍然照旧。这无须见怪,因为"九九歌"中的这些物候都是广大劳动人民实践得来的,是实践中获得的一些知识,虽然很粗浅,缺乏科学的生物学知识,但物候和季节还能对得起来。到后来,编月令成为士大夫的一种职业,明清两代,由于士大夫以作八股为升官发财的跳板,一般缺乏实践知识,东抄西凑,五谷不分,所写物候,仅凭想象或抄引前人的一些资料,很多都与实践不符。顾炎武早已指出,在周朝以前,劳动人民普遍知道一点天文,"七月流火"是农民的诗,"三星在天"是妇女的话,"月离于毕"是戍卒所作,"龙尾伏辰"是儿童歌谣;若问后世的文人学士关于这方面知识,将茫然不知所对。(顾炎武《回知录》卷 30《天文》条。按"七月流火"见《诗嘲风·七月》;"三星在天"见《诗·唐·绸缪》;"月离于毕"见《诗·小雅鱼藻之什·渐渐之石》;"龙尾伏辰"见《左传·僖公五年》明清时代,一般士大夫对天文固属茫然,对物候也一样无知,这都是由于他们的书本知识脱离生产实践所致。

图 1-6 春季在北京地区繁殖的家燕

南宋时代浙江金华地区的吕祖谦(1137—1181)做了物候实测工作。他记有南宋淳熙七年和八年(1180—1181 年)两年金华(婺州)实测记录,载有蜡梅、桃、李、梅、杏、紫荆、海棠、兰、竹、豆蓼、芙蓉(图 1-7)、莲、菊、蜀葵、萱草等 24 种植物开花的物候,和春莺初到、秋虫初鸣的时间。这是世界上最早凭实际观测而得的物候记录,在国外,很少有国家保存有 15 世纪以前实测的物候记录。日本樱花记录始于唐,但只是樱花而已,十分单一,而吕祖谦记录的物候多到 24 种植物的开花结果和鸟虫的初鸣。同时代的著名学者朱熹为吕祖谦物候书作跋说:"观伯恭(吕祖谦号)病中日记其翻阅论著固不

以一日懈，至于气候之暄凉，草木之荣悴，亦必谨焉。"

图 1-7　盛花期的芙蓉花

"二十四番花信风"，南宋著名的学者程大昌在《演繁露》曾略提及；明代杨慎《丹铅录》引梁元帝之说也是此说依托；唯明初钱塘王逵的《蠡海集》所列最有条理。后来焦竑的《焦氏笔乘》当即据此采入，叙述较为简明。自小寒至谷雨，四月二十四候，每候 5 日，以一花应之：

小寒　一候梅花　二候山茶　三候水仙

大寒　一候瑞香　二候兰花　三候山矾

立春　一候迎春　二候樱桃　三候望春

雨水　一候菜花　二候杏花　三候李花

惊蛰　一候桃花　二候棠梨　三候蔷薇

春分　一候海棠　二候梨花　三候木兰

清明　一候桐花　二候麦花　三候柳花

谷雨　一候牡丹　二候荼蘼　三候楝花

花信风的编制是我国南方文人墨客的一种游戏作品，既不根据实践也无科学价值。尽管如此，我国从两汉以来，劳动人民积累的物候知识，经过一些学者，如北魏贾思勰、明代徐启光和李时珍等终身辛劳地采访搜集、分析研究，才将这一学科发扬光大，并通过文字和口传的形式，传给后代。

历代所颁历法真正能照顾到农业生产所需要的物候，实际是 19 世纪中叶太平天国的"天历"，它把一年分为 12 个月，以 366 天为一年，单月大、31 天，双月小、30 天。以立春之日为元旦，惊蛰为 2 月 1 日，清明为 3 月 1 日，以此类推。除每日有干支、二十八宿名称、时令而外，还记草木萌芽月令，把在"天国"的国都南京所观测到的物候或草木萌芽等自然物候现象也列在其中，这历称为《萌芽月令》。将上一年南京地区所观测到的物候结果，附在下一年同月份日历之后，以供农民耕种时做参考。如太平天国辛酉十一年（1861）新历每月之后就都附有庚申十年同月份的萌芽月令，其新历中说"立春九红梅开花，青梅出蕊"，"雨水二雷鸣下雨，和风，青梅开花"等。此外，天历还传播一些农业生产知识。

太平天国运动系农民起义战争，所以，作为农民起义的领袖，洪秀全关心农业生产，把中国历法做了一个彻底的改革。原来计划有40年的物候记录便可平均起来做一个标准物候历颁布于天下，这是一件好事，可惜到1864年农民起义失败，"天历"也如昙花一现，到如今几乎无人知道这部"天历"所记载的事。

1. 古代农书与医术中的物候记述

中国最早的古代农书，现在依然保存完好，在众多的农书中，都有物候的记录，但是，记录最全的要算北魏贾思勰的《齐民要术》。如果从物候学的记述与应用来看，比《齐民要术》还要早的物候之书，要数西汉时期的《氾胜之书》。这本书比《齐民要术》要早近600年，因为《齐民要术》的作者在编撰该书时，引用了西汉《氾胜之书》中的很多内容，且沿袭了它的基本思想。在古农书中，还有专讲物候与农时的专著，如汉代崔实的《四民月令》和元代鲁明善的《农桑衣食撮要》等。《氾胜之书·耕作》篇开始就说："凡耕之本，在于趣时。"换句话说，就是耕种的基本原则在于抓紧适当时间来耕耘播种。如何能做到因地制宜，适时播种？《氾胜之书》就用物候作为一个指标，比如说："杏花开始盛开时，就耕轻土、弱土。看见杏花落的时候再耕一次。"对于种冬小麦，书中说："夏至后70天就可以种冬麦，如种得太早，会遇到虫害，而且会在冬季寒冷以前就拔节；种得太晚，会穗子小而子粒少。"对于种植大豆，书中说："三月榆树（图1-8）结荚，榆树果实的时候，如果遇着雨水多，这时农民可以在高田上种大豆。"

图1-8　初夏北方榆树果实

贾思勰在他的《齐民要术》中总结的劳动人民关于物候的知识，比《氾胜之书》更为丰富，而且更有系统地把物候与农业生产结合起来。如该书的第一卷谈及种谷子时说道："二月上旬，杨树出叶生花的时候下种，是最好的时令；三月上旬到清明节，桃花刚开，是中等时令；四月上旬赶上枣树出叶，桑树落花，是最迟时令了。"并指出："顺随天时，估量地利，可以少用些人力，多得到些成果。要是只凭主观，违反自然法则，便会白费苦力，没有收获。"

当时，交通十分落后，信息闭塞，但贾思勰已经知道各地的物候不同，南北有差异，东西也有区别。他指出一个地方能种的作物，移到另外一个区域，成熟迟早、根实大小就会改变。在《齐民要术》卷三《芜菁》和《种蒜》中记载道："在并州没有大蒜种，要向河南的朝歌取种，种了一年以后又成了百子蒜。在河南种芜菁，从七月处暑节到八月白露节都可以种……但山西并州八月才长得成。在并州芜菁跟都要碗口大，就是从旁的州取种子来种也会变大。"又说："并州产的豌豆，种到井陉以东；山东的谷子，种到山西壶关、上党，便都徒长而不结实。"在书中，贾思勰从物候的角度尖锐地提出了问题，如：北方的马铃薯种到南方会变小退化，关东的亚麻和甜菜移植到川北阿坝州，虽长得好但不结子等，这与气候、光照等有密切的关系，这一问题虽然目前已基本得到解决，但有些更深更细的研究还是要从植物生态学和植物生理学方面找原因。

古代农书《齐民要术》的另一重要突破，就是破除迷信。《氾胜之书》虽然依据物候来定播种时间，但信了阴阳之言，存有大量的唯心主义和封建迷信的东西，书中订出了若干忌讳，例如播种小豆忌卯日、种稻麻忌辰日、种禾忌丙日等。这种忌讳一直流传下来，直到元代王祯《农书》中，仍有"麦生于亥，壮于卯……"等唯心的说法。《齐民要术》指出这种忌讳不可相信，强调了农业生产上的及时播种、适期管理和做好保墒等管理措施，这在1500多年以前，是很了不起的，它用唯物主义观点，用科学的方法指导农业生产，书中的科学思想，对以后的农业生产活动，产生历史性的指导作用。这一观点的提倡者就是古代农学家——贾思勰。

从北魏到明末的一千多年间，我国出版了不少重要农业书籍，如元代畅师文、苗好谦等撰的《农桑辑要》、王祯撰的《农书》等。随着疆域扩大，人们不但获得了许多新的物候知识，物候也为当时的农业生产做出了杰出的贡献，但这期间我国的物候学仍与西方有一些差距。到了明朝末年，徐光启从利玛窦、熊三拔等外国传教士处学得了不少西方的天文、数学、水利、测量等知识，知道了地球是球形的，地球上有寒带、湿带、热带之分等。这些新知识更是加强了他"人定胜天"的观念。他批评了王祯《农书·地利》篇的环境决定论，在《农政全书·农本》一章中说："凡一处地方所没有的作物，总是原来本无此物，或原有之而偶然绝灭。若能够尽力栽培，几乎没有不可生长的作物。即使不适宜，也是寒暖相违，受天气的限制，和地利无关。就像荔枝（图1-9）、龙眼不能逾岭，橘、柚、柑、橙不能过淮一样。王祯《农书》中载有二十八宿周天经度，事实上，这种记述没有多大的实际意义。不如写明纬度的高低，以明季节的寒暖，辨农时的迟早。"

我国古代著名学者徐光启在农业方面积极地提倡引种驯化，在《农政全书》卷25中，他赞扬了明邱浚主张的南方和北方各种谷类并种，可令"昔无而今有"的说法。万历年间，甘薯从拉丁美洲经南洋移植到我国不久，他主张在黄河流域大量推广。有人问他："甘薯是南方天热地方的作物，若移到京师附近以及边塞诸地，可以种得活吗？"他毅然回

图1-9 盛夏南方的荔枝树挂着累累果实

答说："可以。"他说："人力所至，亦或可以回天。"也就是说，他认识到人力可以驯化作物。到如今，河北、山东各省普遍种植甘薯，不得不说徐光启有科学先见之明。

《农政全书》卷44中，还专门讲到如何消灭蝗虫（图1-10），也是很精彩的。他应用了统计方法，整理历史事实，指出蝗虫多发生在湖水涨落幅度很大的地方，蝗灾多发生在每年农历的五至七月的三个月。这样以统计法指出了蝗虫生活的时地关系及分布的特性，便使治蝗工作易于着手。最后，他总结了治蝗经验，明确指出事前掘取蝗卵的重要性，他说："只要看见土脉隆起，即便报官，集群扑灭。"这可以说是用统计物候学的方法指导扑灭蝗虫的具体事例。

图1-10 蝗虫的成虫

据史料记载，著名的药学家李时珍比徐光启早出生 44 年，他是湖北蕲州人，他所著的《本草纲目》最早于 1596 年在南京出版。相隔不到 12 年，便流传到日本，不到 100 年，便被译成日文；后更传播到欧洲，被译成拉丁文、德文、法文、英文、俄文等。这部书之所以被世界学者所珍视，是因为书中包含了极丰富的药物学和植物学的知识。仅从物候学的角度来看，这部书也是宝贵的。例如该书的第 15 卷记载"艾"这一植物时说："此草多生山原，二月宿根生苗成丛。其茎直生，白色，高四五尺。其叶四布，壮如蒿，分为五尖桠，面青背白，有茸而柔厚。七八月间出穗，如车前，穗细。花结实，累累盈枝，中有细子，露后枯。皆以五月五日连茎刈取。"这样的叙述，就是在当今，也不失为植物分类学的典型。《本草纲目》一书记载了近 2000 种药用植物，其中关于植物的物候知识是极为丰富的。又如该书第 48 和 49 卷中，专门对我国的鸟类进行了叙述。其中，对于候鸟布谷，即大杜鹃（图 1-11）的地域分布、鸣声、音节和出现时期，解释得十分清楚，习性说得很准确，即便现代鸟类学专家读后，也可收益良多。

当然，我们不能苛求 400 多年以前的农民和学者，能将多种经史书集里所记载的物候学上错误的知识和概念，一下子全盘改正过来。《本草纲目》中对"腐草化为萤，田鼠化为鴽"等荒谬传说，全是人云亦云地抄下来，没有加以驳斥，这是限于时代，不足为怪的。在欧洲，直至 18 世纪，瑞典著名植物学家，即近代物候学的创始人林奈，尚相信燕子到秋天沉入江河，在水下过冬的神奇说法。

图 1-11 夏候鸟——大杜鹃

2. 物候与文化

我国古代流传着两句著名的诗句："花如解语应多事，石不能言最可人。"但从现在看来，石头和花卉虽是没有声音和语言之物，但是，从其形态学角度看，它们却有自己的一套结构组织，以此来表达它们的本质。自然科学家的任务就在于了解这种本质，使石头和花卉能道出自己的身世，说出宇宙的秘密。而且到现在，自然科学家已经成功地做了不少工作。以石头而论，譬如化学家以同位素的方法，使石头说出自己的年龄；地球物理学家以地震波的方法，使岩石能说出自己离开地球表面的深度；地质学家和古生物学家以地层学的方法，初步地摸清了地球表面，即地壳里 30 亿～40 亿年以来的石头历史。

花就更好说了，它是有生命的东西，它的语言更生动、更活泼。如前文所述，贾思勰在《齐民要术》里所指出，杏花开了，好像它在告诉农民，春天到了，赶快耕土；桃花开了，好像它暗示农民赶快种谷子。春末夏初布谷鸟来了，农民知道它讲的是："阿公阿婆，割麦插禾。"从这一角度看来，鸟语花香都是大自然美妙的语言，重要的是我们要能体会这种暗示。又如春天到了，灰头麦鸡踏着早春的霜，发出"急、急、急"的鸣叫声，它在告诉人们，我回来了，后面迁徙的鸟儿都快到了，这对提醒机场做好鸟击防范工作具有重要的现实意义。因此，人类应明白这种传语，进而来理解大自然，适应大自然。

我国唐宋时代，有许多大诗人，一方面关心民生疾苦，搜集了各地方大量的竹枝词、民歌；一方面又热爱大自然，并能领会鸟语花香的暗示，模拟这种民歌、竹枝词，写成诗句。其中，许多诗句，因为含有至理名言而流传至今，明末时期著名的学者黄宗羲说："诗人萃天地之清气，以月、露、风、云、花、鸟为其性情，其景与意不可分也。月、露、风、云、花、鸟之在天地间，俄顷灭没，而诗人能结之不散。常人未尝不有月、露、风、云、花、鸟之咏，非其性情，极雕绘而不能亲也。"换言之，月、露、风、云、花、鸟乃是大自然的一种语言，人们可从中了解到大自然的本质，即自然规律，而大诗人能掌握这类语言的含义，所以，他们能将其写成诗歌而传之后世。物候就是谈一年中月、露、风、云、花、鸟推移变迁的过程。对于物候的歌咏，我国唐宋两个朝代的大诗人是有成就、有贡献的。

唐代著名诗人白居易 10 多岁时，曾经写过一首咏芳草《赋得古原草送别》的诗："离离原上草，一岁一枯荣。野火烧不尽，春风吹又生……"诗人顾况看到这首诗，大为赏识。一经顾况的宣传，这首诗便被传诵开来，其指出了物候学上两个重要规律：一是芳草的荣枯，又一年一度地循环；二是这循环是随气候而转移的，春风一到，芳草就苏醒了。

生活在温带地区的人们，经过一个寒冬以后，就希望春天的到来。但是，春天来临的标志是什么呢？这在许多唐宋诗人的诗中，我们是可找到许多答案的。如李白的诗："东风已绿瀛洲草，紫殿红楼觉春好。"王安石晚年住在江宁，有句"春风又绿江南岸，明月何时照我还。"据宋洪迈《容斋续笔》中指出：王安石写这首诗时，原作"春风又到江南岸"，经推敲后，认为"到"字不合意，改了几次才写下了"绿"字。李白、王安石他们在诗中统用绿字来象征春天的到来，到如今，在物候学上，花木抽青也还是春天重要标志之一（图 1-12）。王安石这句诗的妙处，还在于能说明物候是区域性的。若把这首诗哼成"春风又绿河南岸"，就很不恰当了。因为在黄河以南的开封、洛阳一带，春风到来的象征，黄沙比绿叶更有代表性，所以，李白《扶风豪土歌》中便有"洛阳三月飞胡沙"之句。虽此句中"胡沙"是暗指安史之乱，但河南春天风沙之大也是事实。

图 1-12　初春时节抽青的迎春花

树木抽青是初春很重要的标志，这是肯定的。但是，各种树木抽青的时间不同，哪种树木的抽青才能算是初春指标呢？从唐宋诗人的吟咏看来，杨柳要算是最受重视的了。杨柳抽青之所以被认为是初春的代表，并非偶然之事。第一，该树对温度敏感，每年春天柳树抽青早；第二，它分布区域很广，南从五岭，北至关外，到处都有它的身影。它既不怕风沙，也不嫌低洼。唐李益《临滹沱见蕃使列名》诗："漠南春色到滹沱，碧柳青青赛马多。"刘禹锡在四川作《竹枝词》云："江上朱楼新雨晴，瀼西春水縠文生。桥东桥西好杨柳，人来人去唱歌行。"足见从漠南到蜀东，人人皆以绿柳为春天的标志。王之涣《出塞》有"羌笛何须怨杨柳，春风不度玉门关"之句，这句寓意诗是说塞外只能从笛声中听到折杨柳的曲子，但在今日新疆维吾尔自治区无论天山南北，随处均有杨柳。所以，毛泽东曾在《送瘟神》诗中就说"春风杨柳万千条，六亿神州尽舜尧"。从杨柳的分布区域看，如今其已不限于玉门关以内了。

唐宋诗人对于候鸟，也给以极大关注。他们初春留心的是燕子，西南地区在暮春、初夏时注意的是杜鹃、小杜鹃，华北、华东是大杜鹃、布谷鸟。如杜甫晚年入川，对于杜鹃的分布，在诗中说得很清楚："西川有杜鹃，东川无杜鹃，涪万无杜鹃，云安有杜鹃。我昔游锦城，结庐锦水边，有竹一顷馀，乔木上参天，杜鹃暮春至，哀哀叫其间……"值得一提的是，这里说的"东川"和"涪万无杜鹃"，可能当时调查并不详细，从该地区现有调查资料看，这两个地区都有大杜鹃的活动。因此，在引用古代物候资料时，要加以鉴别。当然，也可能当时就没有杜鹃在上述两个地区分布。

南宋诗人陆游，在 76 岁时所作的《初冬》诗："平生诗句领流光，绝爱初冬万瓦霜。枫叶欲残看愈好，梅花未动意先香……"从这首诗句分析，诗人陆游是留心观察物候的。他不但留心自然的物候现象，还用以预告农时。如他的又一首《鸟啼》诗，可以清楚地说明一点："野人无历曰，鸟啼知四时。二月闻子规，春耕不可迟；三月闻黄鹂，幼妇悯蚕饥；四月鸣布谷，家家蚕上簇；五月鸣雅舅，苗稚忧草茂……"陆游对物候学了熟于心，可称为我国第一个懂得大自然语言的文学家。

我们从唐宋诗人所吟咏的物候诗句可以看出物候是因地而异、因时而异、因物而异的。换言之，物候在我国南方与北方不同，东部与西部不同，山地与平原不同，而且古代与今日不同。为了全面地了解我国因位置不同、古今时间不同而存在的物候差异，必须将其与世界其他地区的物候进行比较，方能收相得益彰之效。为此，在这里我们要对世界各国物候学的发展做一个简述。

三、国外物候学的发展

1. 古代各国物候研究

欧美国家研究物候历史比较早，他们在物候方面积累了丰富的资料，在古代因为人类从事农业生产活动，他们迫切需要这方面的知识，以指导自己的生产活动。同时，在农业生产活动中，人们不断积累物候方面的知识。所以，2000多年以前的古希腊时代，雅典人即已试制包括一年物候的农历。到罗马恺撒时代，还颁发了物候历，以供人们在生产中应用。但是，欧洲人真正有组织地观察物候，实际上是开始于18世纪中叶。当时，植物分类学创始者雅典人林奈（1707—1778），在他所著的《植物学哲学》一书中，提出了物候学的任务在于观测植物一年中发育阶段的进展，并在瑞典组织了18个地点的观测网，观测植物的发育、开花、结果和落叶的时期。这一观测网的活动时间，虽为期不长，仅仅3年（1750—1752年），但是他的这种有组织的物候观察活动，在欧美起了组织物候观测网的示范作用。

在林奈时代以前，欧洲各国也有少数人观测物候现象并把观察资料保存了下来，如英国诺尔福克地区的罗伯脱·马绍姆，从1736年起，即观测当地13种乔木抽青、4种树木开花、8种候鸟来往、蝴蝶始见、蛙初鸣等27种物候现象。罗伯脱去世后，其家族有五代人连续观测，直到20世纪30年代，其间只缺25年（1811—1835年），这是欧美地区年代最久的物候记录。英国皇家气象学会已经对其科学意义做了总结，后面将加以简要说明。

在亚洲，日本对于物候学的研究叫作季节学，从我国通用字义来讲，物候与季节完全是不同的。物候学不是完全讲季节的，但物候现象可作为季节的标志。据文献所载，他们最初即有二十四节气和七十二候，从现有的史料分析，该国的物候研究是从我国传过去的，季节名称也与我国完全相同。日本从我国唐宪宗元和七年（812）开始，即断断续续的有樱花（图1-13）开花的记录，迄今已1200余年之久，这无疑是世界最长久的单项物候记录，但所记录只限于樱花一个物种。我国金华吕祖谦在南宋时代已有20多个项目的物候记录。

2. 近代国外物候学的发展

物候观测在19世纪中叶以前，各国虽然有一些零星的观察研究，但是，所有的观测研究都是零碎的。19世纪中叶以后，因为资本主义国家工业的发展和人口的快速增加，急需增加农业生产，各国才开始注重物候学的研究。例如日本，在8世纪圣武天皇时代，每亩（667m²，按我国的面积计算方法）稻米产量只有188公斤左右。到明治初年，1100多年间，只增加了一倍，每亩产量为365公斤左右。但是，从19世纪中叶到1959年，因使用化肥、灌溉、机耕、选种、植物保护等多种科学栽培方法，水稻产量已增加到每亩707公斤左右，即在短短的几十年时间里，它们又将粮食产量增加了一倍。而在使用许多科学技术之时，物候学也因时而起，在农业生产活动中发挥了很大作用。到如今，日本已

图 1-13　春季盛开的樱花

有 1500 个物候观测点，属于中央观象台。农业气象与物候学已成为日本气象学的重要研究内容，该国的自然观测记录主要应用于下列三方面：

（1）预报季节到来的具体时期（初期、中期和终止期）；

（2）在没有气象记录的地方，如山岳地区、林区、边远农区，可以用自然季节现象的物候资料做气象资料推算；

（3）以物候的历史资料，对比现代物候的情况，掌握古今气候变化的动态信息。

总之，在日本，物候学对于农业耕种、收获适宜时间的决定，植物发芽、开花、结实时间的预测，气象灾害波及程度的推定等方面，发挥了很大作用，为农业生产的稳定、丰收创造了条件，打下了科学的基础。

在德国从 19 世纪 90 年代起，著名植物学家霍夫曼先后用了 40 年时间做物候学的组织和观测工作，他选择了 34 种标准植物，作为欧洲大陆中部观测物候对象，并每年出版欧洲物候图，如春季播种图等，包括了欧洲中部数百个物候点。在 1914—1918 年第一次世界大战时，德国粮食不足，霍夫曼的学生 E. 伊纳从谷物播种图上选出德国谷物早熟地区，开垦种植，使德国粮食得到比较充分的供应。

在 1883—1941 年，E. 伊纳是欧洲物候学的主要倡导者。他是最早用单一种植物——西洋丁香做物候的定种观察植物的。他把自己 59 年的物候观测记录（100 个观测站点）收集在他编的年刊中。在德国达姆施塔特（Darmstadt），他的墓碑上铭刻着"他的毕生事业为了物候学"。德意志联邦共和国 1952 年重新组织了物候观测网，现有 2700 名观测员，密度为每 90 平方千米一个观测者。

在资本主义国家中，英国物候的观测开始得比较早。英国皇家气象学会从 19 世纪 90 年代起即组织了物候观测网，后发展到 500 个观测站，在 1948 年以前，经常出版物候报告。前任气象局局长萧（N. Shaw），在他所著的《天气的戏剧》一书中，曾竭力提倡物候学。英国有欧洲历史上最悠久的物候记录，这在本书的前半部分已经提到，但由于英国粮食、肉类大部分依靠进口，对农业不那么重视，并且英国的物候观测对象只限于野生植物，不观察农作物，物候研究没有紧密结合生产，未获得充分的利用，因此该国的物候研究虽然起步早，但是物候的研究与发展比其他欧洲国家滞后。

美国从19世纪下半叶开始，已注意到物候的观测，并逐渐建立物候观测网。到20世纪初叶，在森林昆虫学家霍普金斯领导下，物候观察点如雨后春笋遍布全国，并提出所谓物候定律。美国农业部利用物候学来引种驯化，分析世界各国特有的经济作物的生长、开花、结果时期，并探明其温度、湿度、日光的需要，然后移植于美国适当地区。过去美国曾从我国移植了不少品种，如移植到加利福尼亚的柑橘，移植到佛罗里达的油桐和移植到中西诸州的大豆等。经过20多年的培育，这几种经济作物不仅在美国能够自给，而且在国际市场上和我国竞争。在移植前，美国曾派人在我国各农业试验场及农业学校搜集移植品种的物候条件的情报和各地气象资料，甚至从各地区方志中探查古代记录的物候情报。第二次世界大战以后，美国华盛顿作物生态研究所曾出版过《中国作物生态地理和北美洲类似区域》一书，其目的在于继续引种我国经济作物。

20世纪50年代美国开始重新重视物候学的研究，引导作为农业试验站的3个地区性的物候网的建立：1957年在西部地区、1961年在中北部地区、1965年在东北部地区先后建立了物候网。后又于1954年在威斯康星州、1970年在北卡罗来纳州组织了全州范围的物候网，珀杜大学（Purdue University）在印第安纳州发展物候园的观测网。

美国成立了国际生物规划物候学委员会，这个委员会注意到需要在全世界范围内研讨物候学与季节性问题，进而研讨生物系统分析。为使这个研讨适应于促进今后美国和国际合作，包括尽可能多的适当学科，该委员会于1972年8月在明尼苏达（Minnesota）州的明尼波利斯（Minneapolis）举行了座谈会，讨论了如下几项：一是综合当前国内外的研究成果；二是采集多学科专家、学者的意见和建议，并进行讨论以获得更多的有益信息；三是编辑各个领域中的重要分支学科的情报资料，引导各个领域新的研究工作；四是对综合的物候学，创立新的论点；五是评论某些科学成果，为专门名词下定义。1974年该委员会又出版《物候学与季节性模式》一书。自20世纪以来，美国人在物候学观察、研究、应用等方面更加标准化、科学化，为物候学的建立打下了科学的基础。

俄国十月革命以前，因为农业上的需要，物候研究与农业已有密切的联系。推动物候研究与应用，最有力的学者是气象学家沃耶可夫，他提倡把气象观测和物候观测联合进行，称为联合观测法，这即是日后农业气象观测法的萌芽。米丘林利用物候记录，创造出许多园艺新品种。"只有当我们熟悉植物的要求时，气象条件才是有用的。没有对于植物要求的了解，气象记录的无限数字，将只不过是保留着一堆徒劳无功的废物而已。"

俄国十月革命以后，物候学在该国得到很大发展。自愿物候观测者的观测网点有了很大的扩充，观测点遍布苏联各地，人员迅速增加。从1940年起，物候观测组织由苏联地理学会领导，同时，该国中央水文气象局也大大加强了各加盟共和国的农业气候研究。在这一期间，物候观测组织发表了各地区观测结果和大量物候图表，并有多种专著出版，为该国的农业发展和丰收，打下了坚实的基础。

进入21世纪，随着计算机技术的快速发展和广泛应用，很多国家的物候观测已进入自动化和智能化阶段，获得的观测数据更准确。相信随着科学技术的发展，未来这一学科会有更大的发展，它将在农业生产和机场鸟击防灾领域发挥更大的作用，为经济的发展做出新的贡献。

第二章 物候学的基本定律

　　无论中外，物候知识最初都源于广大劳动人民，它是人们从农业实践中不断总结得来的。初期他们对物候的认识，还只是感性的认识。我国唐宋诗人把农民的经验编为诗歌，算是将零散的知识综合起来成为理性的认识。如苏轼的《舶棹风》诗："三时已断黄梅雨，万里初来舶棹风。"把老农特别注意的黄梅雨，与夏季风联系起来，从现代的角度综合看，他的这一物候观点是很合乎科学原理的。

　　西欧在 19 世纪设置许多物候观察站，取得了大量物候资料，物候学的研究有很大发展，对发展农业生产做出了贡献。前述的美国森林昆虫学家霍普金斯，从 19 世纪末起，花了 20 多年工夫专门研究物候，尤其是美国各州冬小麦的播种、收获与生长季节的关系。霍普金斯认为植物的阶段发育受当地气候影响，而气象又是制约于该地区所在的纬度、海陆关系和地形等因素。换言之，即气象受纬度、经度和高度三方面的影响。他从大量植物的物候材料中得出如下的结论：在其他因素相同的条件下，北美洲温带内，纬度每向北移动 1°，经度向东移动 5°，或海拔上升 400m，植物的阶段发育在春天和初夏将各延期 4 天；在晚夏和秋天则恰相反，即纬度向北移动 1°，经度向东移动 5°，海拔向上 400m，都要提早 4 天。霍普金斯根据这一定律及其多年的实际物候资料，绘出了美国各州的等候线，就是把同一日子有同一物候（如桃始花、燕子来等）的地点连成的一条线。根据等候线可以预告各地农作物播种、收获的时期，也可用以估计外来农作物是否适于本地。在 20 世纪初期，美国小麦害虫海兴蝇极为猖獗，美国农业部利用了物候图表，把各地小麦播种期延迟若干天，从而避免了这种虫害，增加了小麦的产量。这一方法近来也曾应用于我国，我国广东省潮汕地区，过去蝥虫（图 2-1）危害水稻十分严重，从 20 世纪 70 年代开始，农民利用物候技术提早下种水稻，等到蝥虫在当地大量发生危害时，水稻已基本成熟，避开了蝥虫的危害。利用物候图可减少施药，保护环境，提高产量，增加农民收入，可谓一举多得。

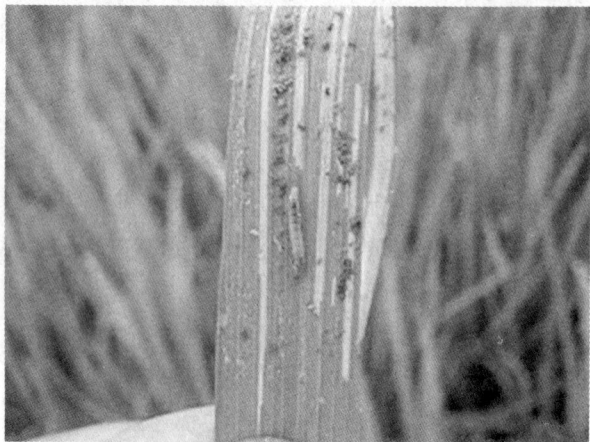

图 2-1　受蝥虫危害的水稻植株

一、物候的南北差距

我国疆域辽阔，南北跨度大，物候南方与北方差异较大。在唐宋时代，南北纬度相差30多度，因此就物候而言，它们的差异自然十分明显。这一时期生活在黄河、长江流域一带的诗人，已经能辨别这种区域性差异。值得一提的是，放逐到南岭以南的柳宗元、苏轼等人的诗，大多反映岭南地区物候的不同，南方的物候不但和中原有量的差异，而且有质的不同了。

在我国，秦岭淮河一线在地理上是南方地区和北方地区的分界线，竹子、茶叶、杉木、柑橘等喜温植物，一般只能在秦岭以南地区生长，因品种等原因少数种类有例外，这种例外，很少有大面积，只限于一些受到适当地形的庇护而有良好小气候的地方。白居易于唐元和十年（815），从长安初到江西，作有《浔阳三题》诗，并有序云："庐山多桂树，溢浦多修竹，东林寺有白莲花，皆植物之贞劲秀异者……夫物以多为贱，故南方人不贵重之……予惜其不生于北土也，因赋三题以唁之。"其中《溢浦竹》诗云："浔阳十月天，天气仍温燠，有霜不杀草，有风不落木……吾闻汾晋间，竹少重如玉。胡为取轻贱，生此西江曲。"白居易是北方人，他看到南方竹如此普遍，便不免感到惊异。

清代中叶著名诗人龚自珍（1792—1841）曾说："渡黄河而南，天异色，地异气，民异情。"所以，他的诗中有句云："黄河女直徙南东，我道神功胜禹功。安用遇儒谈故道，犁然天地划民风。"龚自珍不仅说南北物候有差异，而且民情也十分不同。

苏轼出生并生活在四川眉山，可谓是南方人，看惯了竹子的形态，了解其生长习性，而且热爱竹子（图2-2）。苏轼青年时代进士及第后不久，于宋嘉祐七年（1062）到京北路（今陕西省）凤翔为通判，曾亲至宝鸡（今宝鸡市）、盩屋（今周至县）、虢（在今宝鸡

图2-2　南方自然生长的竹子

县)、郿(今眉县)四县考察,在宝鸡去四川路上咏《石鼻城》诗中有:"……渐入西南风景变,道边修竹水潺潺。"竹子确实是南北物候不同的一个标志性植物,在四川生长的多为自然生长的高大的毛竹和淡竹类。

热带的特征是:"四时皆是夏,一雨便成秋。"换而言之,在热带里,干季和雨季的分别比冬季和夏季的分别更为突出,五岭以南即有此种景象,这可于唐宋诗人的吟诗中得之。柳宗元的《柳州二月榕叶落尽偶题》诗:"宦情羁思共凄凄,春半如秋意转迷,山城过雨百花尽,榕叶满庭莺乱啼。"意思就是二月里,正应该是中原地区桃花争春的时候,但是,在柳州地区最普遍的常绿乔木榕树,却于此时落叶最多,使人十分迷惑,究竟这是春天还是秋天?苏轼在惠州时,有《食荔枝二首》记惠州的物候:"罗浮山下四时春,卢橘杨梅次第新,日啖荔枝三百颗,不辞常做岭南人。"又在《江月五首》的引言里说:"岭南气候不常,吾尝云:菊花开时乃重阳,凉天佳月即中秋,不须以日月为断也。"温带地区常见的植物如菊花、桂花(图2-3)在广州终年可开,但是,即使在热带,原属地方植物的开花结果,仍然是有节奏的。苏轼在儋耳有诗云:"记取城南上巳日,木棉花落刺桐开。"相传阴历三月三日为上巳节,如今海南岛儋耳地方的物候未见记录,可能还是如此。1962年春分前一周,作者由广州经京广路到北京,那时广州越秀山下的桃花早已凋谢,而柳叶却未抽青,但在韶关、郴州一带,正值桃红柳绿之时,可知五岭以南若干物候和长江流域是有先后之差的。

图2-3　广州春季盛开的桂花

还有一个重要的物候现象,即人们熟知的梅雨季节,在我国各地也先后不一,这在唐宋诗人的吟咏中早有记载。柳宗元诗:"梅熟迎时雨,苍茫值小春。"柳州梅雨在小春,即农历三月。杜甫《梅雨》诗:"南京犀浦道,四月熟黄梅。"即成都(唐时成都曾作为"南京")梅雨是在农历四月(仇兆鳌注《杜少陵集详注》)。苏轼《舶棹风》诗:"三时已断黄梅雨,万里初来舶棹风。"[见徐光启《农政全书》第11卷,中华书局版。苏集通行本"三时"误作"三句"。见竺可桢《东南季风与中国之雨量》(《中国近代科学论著丛刊·气象学》科学出版社)]苏轼作此诗时在浙江湖州一带,三时是夏至节后的15天,即江浙一带梅雨是在农历五月。现在我们知道，我国梅雨在春夏之交，再从南方渐渐地推进到长江流域（徐淑英、高由禧《中国季风的进退及其日期的确定》，1962 年 3 月《地理学报》第28 卷，第 1 期，第 1～18 页）。

前面讲过，我国的气候南方与北方不同，从世界范围来说，也是这样。物候学家霍普金斯的物候定律，如以物候的南北差异而论，应用到欧洲也须有若干修正。据英国气象学会的长期观测，最北从苏格兰的阿贝丁，到南英格兰的布里斯特尔，南北相距 640 千米，即 6 个纬度，11 种花卉的开花期，南北迟早平均相距 21 天，即每 1 纬度相距 3.7 天。而且各种物候并不一致，如 7 月开花的桔梗，南北相距 10 天；而 10 月开花的常春藤，则相差至 28 天（《英国皇家气象学会季刊》第 86 卷，1960 年，1 月）。至于德意志联邦共和国的格曾海曼地方，纬度距意大利巴图亚之北 4°6′，两地开花日期，春季只差 8 天，但夏季要差 16 天。换言之，即春季每 1 纬度相差不到 2 天，而夏季每 1 纬度可差 4 天。欧洲西北部的挪威，则每 1 纬度的差异，南北花期在 4 月要差 4.3 天，5 月减为 2.3 天，6 月又减至 1.5 天，到 7 月只差 0.5 天。由此可知南北花期，不但因地而异，而且因时季、月份而异，不能机械地应用霍普金斯的物候定律。即使在美洲，霍普金斯定律应用到预报农时或引种驯化，也都须经过一系列等气候线图的更正。

我国地处世界最大陆地的东部，大陆性气候十分显著，冬冷夏热，气候变迁剧烈。在冬季，南北温度相差悬殊，但是到夏季，则又相差无几。如初春 3 月份，广州的平均温度要比哈尔滨高出 22℃；但到盛夏的 7 月，则两地平均温度只差 4℃而已。加之我国地形十分复杂，丘陵山地多于平原，更使物候差异各处不同。从我国春初"桃始花"等候线可以看出，在我国东南部，等候线几乎与纬度相平，从广东沿海直至北纬 26°的福州、赣州一带，南北相距 5 个纬度，物候相差 50 天之多，即每一个纬度相差竟达 10 天。在此区以北，情形比较复杂，如以黄河流域的北京与长江下游平原地区的南京相比（表 2-1）。

表 2-1　北京与南京春季物候迟早比较表

地点	北纬	东经	高度（m）	桃李始花	柳絮飞	洋槐盛花	平均温度（℃）		
							3 月	4 月	5 月
北京	39°56′	116°20′	51	4/19	5/1	5/9	5.0	13.8	20.0
南京	32°03′	118°07′	68	3/31	4/22	4/29	8.6	14.5	20.4

注：表中北京物候系根据 1950—1961 年记录，南京物候系根据 1921—1931 年记录。

从表 2-1 可以知道，北京、南京纬度相差 7°，在 3～4 月，桃李始花，先后相差 19 天，但到 5 月间，柳絮飞、洋槐盛花时，南北物候相差只有 9 或 10 天。主要原因在于我国冬季南北温度相差很大，而夏季则相差很小。3 月，南京平均温度尚比北京高 3.6℃，到 4 月则两地平均温度只差 0.7℃，5 月则两地温度几乎相等。在长江、黄河大平原上，物候差异尚且不能简单地按纬度计算出来，至于丘陵山岳地带，物候的差异更为复杂。我国幅员辽阔，南北距离很大，就物候看，同种植物南北也有明显差异，例如，桃花始花期的时段南北差异尤为明显。

二、物候的东西差异

我国天山、昆仑山巍然屹立于西边，秦岭自西向东横亘于中部，因此，物候东西差异

不太明显，与北美、西欧地区有所不相同。天山、昆仑山高耸西部，到东部秦岭山脉逐渐降低，至东经116°以东，除个别山岭如大别山、黄山等外，其余都是起伏不平的丘陵地区。所以，冬春从西伯利亚南下的寒潮，可以突击至长江以南，我们从春初桃始花的等候线就可以看出，在我国东南部，北纬26°以南，等候线几乎与纬度平行；在北纬26°以北，等候线则弯曲成马蹄形，初看颇不易解释，若把华东、华北地区桃始花物候图和同地区冬春寒潮入侵路径图互相比较，就可看出寒潮对于等候线的影响。寒潮和风暴影响等候线是常有之事，如1925年，发生在苏联欧洲区域的一次风暴，使布谷鸟的等候线完全变化。我国桃始花等候线乃依据1935—1936年两年资料所绘制，未必能完全代表正常情况，要知道我国物候的确切情况，仍有待于日后大量材料的搜索。我国四川成都平原因为群山包围，冬春寒潮不能侵入，所以初春物候如桃始花，见于雨水、惊蛰之间，远比华东同纬度地方如杭州、苏州早。我国西南、西北，同一区域的地形高低可以相差很大，等候线随地形转移，经度的影响就变为次要的了。

我国物候东西不同古人早已有记述。清初大兴刘献廷著《广阳杂记》第二卷中云"长沙府二月初已见桃李盛开，绿杨如线，较吴下（苏州）气候约早30～40天"。

在现实生活中，影响物候的东西差异，主要是气候的大陆性强弱不同。我国东部沿海地区也有海洋性气候性质，凡是大陆性强的地方，冬季严寒而夏季酷暑，我国大部分地区就是如此；反之，大陆性弱即海洋性气候地区，则冬春较冷，夏秋较热，如西欧英、法等国。所以，在中欧北部，从西到东，离海渐远，气候的海洋性也渐减少，而大陆性逐渐增加。同一纬度的地带，春初东面比西面冷，而到初夏，变成东面比西面热。这一点可以从中欧北部2月和6月的等候线和等温线（1936—1939年）充分看出来。在2月份，中欧北部西面较东面温和，所以，绣球花始花期（图2-4）的等候线方向一般自西北到东南；但到6月里，冬黑麦开花的等候线方向却成为西、西南至东、东北了。欧洲东西物候的差别，又可以从苏联莫斯科和德意志联邦共和国格曾海曼两地物候比较出来，两地纬度相差6°以上，而东西经度相差30°，所以东西的差别是主要的（表2-2）。

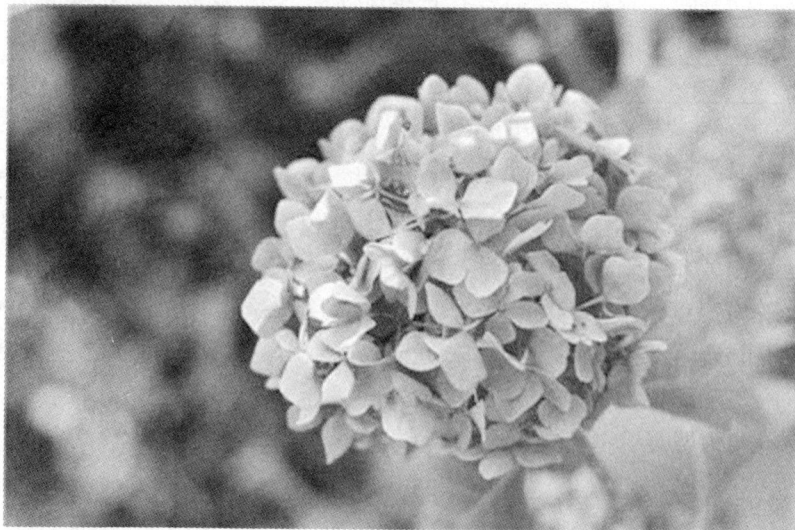

图 2-4 绣球花初花期

表2-2　莫斯科和格曾海曼地区春夏物候日期比较表　　　（日/月）

地名	北纬	东经	款冬开花	白桦开花	丁香开花	椴树开花	冬黑成熟
莫斯科	55°45′	37°34′	4/6	5/5	5/23	6/29	7/27
格曾海曼	49°30′	7°30′	3/8	4/10	4/29	6/10	7/17
相差日数	—	—	29天	25天	24天	19天	10天

注：上述两个地区分别为苏联莫斯科和德意志联邦共和国格曾海曼。

从表2-2可以知道两个地区的物候日期，从春天到夏天便逐渐接近起来。

我国位于亚洲东部、太平洋西海岸，地处世界最大的大陆——欧亚大陆与最大的大洋——太平洋之间，西南又有被称为"世界屋脊"的青藏高原，季风气候异常发达，但从气候特征来看，通常是具有大陆性气候特征的陆地。但是，临近黄海东海地区的省、市仍然受局部海洋气候的影响，这对于农业生产有很大影响，不可不加以注意，原因是海水比大陆吸收热量多，所以大陆春天易热，秋天易冷。春初大陆骤然热起来了，但是，这时海水还是冷的；到了秋天，大陆经萧瑟秋风一吹便冷下来了，而海水还是温暖的。所以，对在海水附近的地方来说，春天是一个冷源，秋天是一个热源（图2-5），东亚地区大气环流形势可以印证上面的叙述。我们试把山东的烟台与济南相比，烟台的纬度虽只比济南高1℃，但是春天3～5月的气温要比济南低4℃～5℃之多（表2-3）；到秋后则烟台温度反比济南高。特殊的气候特征，使烟台地区为我国著名的苹果产地之一，原因之一是，济南苹果开花在清明前后，正直大风的时候，易受摧残，而烟台春天比较晚，苹果开花一般要延迟到谷雨以后，故而有效地避免了寒潮（表2-3）

图2-5　秋高气爽的秋天

表2-3烟台与济南气温比较表

温度（℃） 地点	1	2	3	4	5	6	7	8	9	10	11	12	年平均
烟台	−1.9	−0.8	4.3	11.7	17.8	22.6	25.8	25.5	21.6	15.6	8.2	1.4	12.6
济南	−1.3	1.6	8.3	16.0	22.5	27.1	28.2	26.5	22.2	16.2	7.9	−0.8	14.5
相差	−0.6	−2.4	−4.0	−4.3	−4.7	−4.5	−2.4	−1.0	−0.6	−0.6	+0.3	+2.2	−1.9

事实上，这种现象不仅发生在华北地区，华南地区凡是邻近海洋的局部地区，在春夏期间尤其是4～6月，受海洋海水冷源的影响，温度通常比离海洋较远地方低。例如，浙江的宁波与江西的九江地区虽在同一纬度上，但是宁波在春夏期间，尤其4～6月，这3个月的平均气温都要比九江低2℃以上（表2-4）。因此，在农事耕种方面，因气候的变化而有所改变，例如在沿海地区水稻下种的日期必须延迟2～3个星期。

表2-4　宁波与九江气温比较表

地点 \ 温度（℃） \ 月份	1	2	3	4	5	6	7	8	9	10	11	12	年平均
宁波	4.3	5.1	8.9	14.2	19.4	23.5	28.1	28.0	23.9	18.7	13.3	7.8	16.3
九江	3.4	5.5	10.5	16.2	22.3	25.9	29.7	29.5	24.7	18.6	12.3	6.5	17.1
相差	+0.9	-0.4	-1.6	-2.0	-2.9	-2.4	-1.6	-1.5	-0.8	+0.1	+1.0	+1.3	-0.8

三、物候的高山平原间差距

一般山地与平原区的物候特征有较大的差异。在大气中，海拔上升则气温下降，平均每上升约167米，温度要降低1℃左右，因此，在海拔高的西部地区，物候自然比东部平原地区要迟较长时间。对于这一点，古代我国人民早有了解，例如在唐宋诗人吟咏中也有反映。唐朝宋之问的《寒食还陆浑别业》诗中："洛阳城里花如雪，陆浑山中今始发。"白居易《游（庐山）大林寺序》："人间四月芳菲尽，山寺桃花始盛开。"白居易此序作于唐元和十二年四月九日（817年4月28日），他所说的大林寺一带的桃花开放要比九江迟60天，但从历史资料和现有的物候观察结果看，这种误差太大了，事实上实际相差不过20～30天（高山区比平原仅晚8～10天）。自1934年以来离大林寺不远，建立了庐山植物园，该园对于若干植物物候每年均有记录。庐山植物纬度比北京纬度小10°，但是它的海拔高出1000米，现将两处植物开花期以列表形式比较供应用和研究参考（表2-5）。

表2-5　庐山与北京植物开花期的比较

地点 \ 时间 \ 植物名称	榆叶梅	紫荆	日本樱花
庐山植物园	4月上旬	4月中旬	4月中旬
北京城内	4月15～20日	4月17～27日	4月22～30日

依照霍普金斯定律，物候每向北移动纬度1°或向上升112米都要延迟4天，北京与庐山植物园的纬度与高度之差别可以相抵。但到夏初季节，因阳光受南方云雾影响，就难以比较了。大林寺在今庐山大林路，据庐山植物园研究人员早年的观察的资料，该植物园的海拔在1100～1200米，估计平均气温要比山下低5℃，春天物候现象，如植物的生长发育，一般要比山下晚20天左右。高度相差愈大，则物候时间相离愈远，在长

江、黄河流域的纬度上，海拔超过 4000 米，不但无夏季，而且也无春秋了。李白《塞下曲》："五月天山雪，无花只有寒。笛中闻折柳，春色未曾看。"这是当地自然现象的真实记录。我国西部的天山、阿尔泰山、昆仑山、祁连山均巍然高出云端，但山坡有不少面积能培植森林、放牧牲畜、观光旅游，许多资源可综合利用，物候学在我国西部山区正大有可为。

物候现象的出现，在春夏，如抽青、开花等，越到高处越迟；到秋天，如乔木的落叶、冬小麦的下种等，则越到高处越早。但是，推迟和提早多少，则并不能如霍普金斯物候定律所确定的每上升 112 米相差 4 天那么准。在我国西南山岭区域，目前汽车行程一日之内，可以看到整个平地上几个季度的农事。如 1961 年在川北阿坝藏族自治州，6 月 3 日早晨从阿坝县出发，路过海拔 3600 米处，水沟尚结冰；向前行走 244 千米至米亚罗，海拔 2700 米处，已进入森林带，此处已可种小麦，麦子的生长高度才 70 厘米左右；再往前行走 100 多千米，在海拔 1530 米处，则小麦已将黄熟；更下行至茂文海拔 1360 米处，则正忙于打麦子；当到了灌县地区，这里的海拔 780 米，当地的小麦早已收割结束。

我国山地和丘陵虽占全国面积的 60％以上，但是，对于山地物候，却未加研究，基本还是一穷二白的状态。这些年来，山地、丘陵地带的物候研究专家、学者作了一些研究，但不系统。因此，近 30 年来，我国的物候研究相对世界物候研究比较滞后。欧洲有些国家，对于山区物候颇有研究，据德意志联邦共和国黑林区和捷克斯洛伐克苏台德山区的研究，作物从下种到成熟的时期，山上比山下短。如燕麦，在黑林山区海拔 1000 米处，只需 205 天便成熟；到山下 200 米处，却需 250 天，相差至 45 天之多。在苏台德山区海拔相差 500 米，高处的农期缩短 35 天。如把作物的整个生长期分为发育期和黄熟期两个阶段，则高度对二者的影响又有不同。在作物的发育期，所受的影响更大，一般在高处发育得更快。

有资料显示，在法国一些地区，据统计，有 9 个丘陵区 10 个年度的观测结果，知道高度每差 100 米，紫丁香抽青要迟 4 天，开花期还要更迟一些，差 4.3 天，比抽青期要迟0.3 天。此外，如七叶树、橡树等的物候，也有同样差异。秋天树木落叶和冬小麦播种，高处要比低处早，每上升 100 米相差日数根据植物品种的不同也有较大的差异。当然，这与植物的生长地点和季节有关。

在一年中，通常秋冬之交的物候现象值得说明，秋季天气晴朗，空中常出现逆温层，即在一定的高度，气温不但不比低处低，反而更高，这一现象在山地冬季的早晨最为明显。但在欧洲地区，逆温层离地面不高，且也不厚，一般在 100 米左右，离地面越高温度就会降低了。这一逆温层已影响到农时或早上鸟类的活动，在前东德黑林山区，各种麦子的播种期，依据物候特点，高处早而低处晚，而且一年中人们播种得最迟的作物不在山脚下，而在离山脚高 100 米的山腰间。因此，秋天早晨的逆温层使它具有覆盖全区最高的温度。我国华北和西北一带，不但秋冬逆温层极为普遍，而且远比欧洲高厚，长可高达 1000 米，在我国华南广大丘陵区引种热带作物，秋冬逆温层的作用非常重要，引种热带作物栽培在山腰常比较容易成功，而在山脚栽培引进的热带作物反而不适合，这几乎是普遍现象。

四、物候的古今差异

从现有记载的物候资料看，古代物候与今日物候有很多不同之处。陆游《老学庵笔记》卷六引杜甫上述《梅雨》诗，并提出一个疑问说："今（南宋）成都未尝有梅雨，只是秋半连阴，空气蒸溽，好像江浙一带五月间的梅雨，岂古今地气有不同耶？"卷五又引苏轼诗："蜀中荔枝出嘉州，其余及眉半有不。"陆游解释说："依诗则是眉之彭山已无荔枝，何况成都？"但唐代诗人张籍，却说成都有荔枝，他所作《成都曲》云："锦江近西烟水绿，新雨山头荔枝熟。"陆游以为张籍没有到过成都，他的诗是闭门造车，是杜撰的，并以成都平原无山为证。但是，曾与张籍同时代的白居易，在四川忠州时作了不少有关荔枝方面的诗篇，以纬度而论，忠州的地理位置还在彭山之北，所以，不能因为南宋时成都无荔枝，便断定唐朝时成都地区也没有荔枝的分布。

杜甫的《杜鹃》诗说："西川有杜鹃，东川无杜鹃。"在抗日战争时期到过重庆的人都知道，每逢阳历4~5月，杜鹃夜啼，其声悲切，使人终夜不得安眠，但我们不能因此断语"东川无杜鹃"是杜撰的。过去没有的物候，不一定今天也没有，植物物候也有这种情况，何况分布广泛的杜鹃这类飞禽，随着气候、食物的分布变化它们的分布范围是可以随时发生改变的。譬如以小麦而言，唐刘恂撰的《岭表录异》里曾经说："广州地热，种麦则苗而不实。"但是，大约700年以后，清屈大均撰的《广州新语》，记述小麦在雷州半岛也有大量种植，这究竟是品种的进化，还是当地就适宜栽培小麦还有待研究。

由此，今天的人们不能太天真地以为唐宋诗人没有杜撰的诗句。我们利用唐宋人的诗句来研究古代物候，这显然不太合适，因为古今气候有差异，应科学取舍，批判使用。我们在利用古代的物候资料时，可能发生的差错一般有以下几方面：

第一，迷信古人的经验，特别是一些大诗人的记述，常常对他们遗留下来的错误观念，不加选择地予以沿用，如以杨、柳飞絮为杨花或柳花。李白的《金陵酒肆留别》诗说："风吹柳花满（一作酒）店香，吴姬压酒唤客尝。"《闻王昌龄左迁龙标遥有此寄》诗说："杨花落尽子规啼，闻道龙标过五溪。"实际上所谓絮是果实成熟后裂开，种子带有的一簇雪白的长毛，随风飞扬上下，落地后可集成棉絮样的团。

第二，在现代物候研究中，盲从古书中的传说。唐朝诗人钱起《赠阙下裴舍人》诗："二月黄莺飞上林，春城紫禁晓阴阴。"黄莺是候鸟，从迁徙习性看，它们迁徙的时间一般在农历四月，才能到黄河流域中下游。从古代气候和现代气候分析对比，唐代的二月，长安不会有黄莺的活动。《礼记·月令》："仲春之月……仓鹒鸣……"钱起错误地用在他的诗中。

第三，诗人为了诗句的方便，不求数据的精确。如白居易的《潮》诗："早潮才落晚潮来，一月周流六十回。"顾炎武批评他说："月大有潮五十八回，月小五十六回，白居易是北方人，不知潮候。"事实上，白居易未必不知潮汐信息，但为字句方便起见，所以，说成六十回。

第四，在一些文学作品中，也有诗人全凭主观臆想，完全不顾客观事实。如宋代和尚参寥子有《咏荷花》诗："五月临平山下路，藕花无数满汀州。"有人指出："杭州到五月荷花尚未盛开，要六月才盛开，不应说无数满汀州。"给参寥子辩护者却说："但取句美，

'六月临平山下路'，便不是好诗了。"从文学的角度看，我们不一定要求其对物候的描述具有完全的准确性，诗人可以其美作为创作的需要。

第五，值得一提的是，在古代的诗句中，也有原来并不错的诗句，被后人改错的。如王之涣《凉州词》："黄沙远上白云间，一片孤城万仞山。羌笛何须怨杨柳，春风不度玉门关。"这首诗的意境是很合乎凉州以西玉门关一带春天的自然状况的。和王之涣同时期而且齐名的诗人王昌龄，有一首《从军行》诗："青海长云暗雪山，孤城遥望玉门关。黄沙百战穿金甲，不破楼兰终不还。"也是把玉门关和黄沙联系起来。同时代的王维有《送刘司直赴安西》五言诗："绝域阳关道，胡沙与塞尘，三春时有雁，万里少行人。"唐朝开元时代的诗人，对于安西玉门关一带情形比较熟悉，他们知道玉门关一带到春天几乎每日到日中要刮风起黄沙，直冲云霄的。但是，后来不知在什么时候，王之涣《凉州词》第一句便被改成了"黄河远上白云间"，直至如今，书上流行的唐诗选本，统沿用改过的句子。实际黄河和凉州及玉门关谈不上有什么关系，这样一改，反而是对河西走廊的地理和物候错误描述。

从上面的简单叙述，我们可以了解，在我国古代，物候知识最初是广大劳动人民从生产活动中总结出来的，爱好大自然和关心民生疾苦的诗人们，把一些特有的自然现象、自然性质、自然规律引入诗歌和文章中，因而相传下来。我国文化遗产非常丰富，若把古人的诗歌、游记、日记中所记载的物候信息整理出来，不仅可以"发潜德之幽光"，而且可为世界物候学的宝库提供丰富的资料。

霍普金斯的物候学定律，只谈到物候的纬度差异、经度差异和高度差异，却没有谈到古今差异。因为霍普金斯是美国学者，而美国的建国历史比较短（美国1776年才成立），所以，美国的气候记录还谈不上古今差别。但是，我国古代诗人学者，如宋朝的陆游、元朝的金履祥、清初的刘献廷等，他们一致认为古今物候是颇有不同的。古希腊的亚里士多德，他在《气象学》一书中也已指出气候、物候也可以有古今不同。同时，从19世纪末到20世纪初期，在奥地利气象学家汉（J. Hann）的权威学说下，逐渐形成一种意见，在他们看来，历史时期的气候很稳定，其气候是根本不会变动的，一个地方只要积累了30～35年的记录，其平均数便可算作为该地方的标准，适用于任何历史时代，而且也适用于将来。近几十年来，随着气象科学技术的快速发展，世界气候资料的大量积累，上述这一观点被证明是错误的。20世纪初期，这种错误的气候学观念，也影响到物候学研究。英国很多物候学家，之所以组织全国物候网，就是试图获得一个全国各地区的永久性的物候指标，以应用于过去和将来永久性的指导，组织全国物候网，收集信息，作为物候地面差异对比或区域性指导和利用是对的，但试图以此作为全国永久性物候指标有待商榷。如我国《逸周书》所说的"惊蛰之日桃始华……"实际并没有那么简单，我国历史书上充满了物候古今差异的记述。原中科院的一些专家、学者，在20世纪中后期，曾搜集了我国古今物候不同的资料写出论文，《中国近五千年来气候变迁的初步研究》一文比较详细地收集了我国古代物候方面的研究资料，信息量很大，很有研究价值。

但是，从我国历史上的物候记载看，能否获得永久性的物候指标呢？我们先从西方最长久的实测物候记录来验证这个问题。上面已谈过，英国马绍姆家族祖孙五代连续记录诺尔福克地方的物候达190年之久，这长年记录已在《英国皇家气象学季刊》上得到详细的

分析，并与该会各地所记录的物候作了比较。作者马加莱从 7 种乔木春初抽青记录得出如下的结论：

（1）物候是有周期性波动的，这种变动的平均周期是 12.2 年一次。

（2）7 种乔木抽青的迟早与年初各月（1～5 月）的平均温度关系最为密切，温度高则抽青也早，温度决定植物抽青的早晚。

（3）物候迟早与太阳黑子活动周期有关，1848—1909 年，黑子数多的年份为物候特早年。但是从 1917 年起，黑子数多的年份反而为物候的推迟年份。

我们可以把近 24 年来北京的春季物候记录与此作一比较（表 2-6），从表 2-6 可以看出北京物候也有周期性起伏。物候时季最迟在 1956—1957 年和 1969 年，而 1957 年与 1969 年正为日中黑子最多年。太阳黑子最多年也是物候最迟年，但如前面已经指出的物候和太阳黑子关系是不稳定的，其原因所在至今尚未研究清楚。

表 2-6　北京城内春季物候表（1950—1973 年）

年份 \ 项目 月/日	北海冰融	山桃始花	杏树始花	紫丁香始花	燕始见	柳絮飞	洋槐盛花	布谷鸟初鸣
1950	3/10	3/26	4/1	4/13	4/21	4/29	—	—
1951	3/12	3/28	4/6	4/15	—	5/4	—	—
1952	3/16	4/1	4/4	4/18	4/14	5/6	5/10	5/12
1953	3/10	3/24	4/5	4/15	4/23	4/26	5/9	5/19
1954	3/13	3/29	4/5	4/19	—	4/29	—	5/19
1955	3/15	4/6	4/8	4/20	4/12	5/3	5/6	—
1956	3/29	4/6	4/12	4/25	4/20	5/9	5/14	5/25
1957	3/24	4/6	4/13	4/23	4/23	5/4	5/9	5/22
1958	3/18	4/2	4/6	4/21	—	5/2	5/12	5/27
1959	3/24	3/23	3/27	4/10	4/19	4/24	—	—
1960	3/29	3/24	3/31	4/9	—	4/24	—	5/23
1961	3/3	3/19	3/26	4/6	4/19	5/25	5/3	—
1962	3/2	3/28	4/5	4/17	4/20	5/1	5/7	5/28
1963	3/1	3/18	3/25	4/11	4/20	4/30	5/8	5/27
1964	3/16	4/1	4/10	4/21	4/23	—	—	5/25
1965	3/5	3/22	3/30	4/9	4/25	5/1	5/10	—
1966	3/11	3/24	4/6	4/12	4/22	5/5	5/12	—
1967	3/13	3/26	3/31	4/12	4/22	5/3	5/8	—

（续表）

月/日 年份	北海冰融	山桃始花	杏树始花	紫丁香始花	燕始见	柳絮飞	洋槐盛花	布谷鸟初鸣
1968	3/14	3/27	4/1	4/8	4/18	4/30	5/6	5/23
1969	3/23	4/8	4/12	4/18	4/21	5/8	5/11	5/19
1970	3/18	4/3	4/11	4/17	4/21	5/5	5/10	5/28
1971	3/20	4/4	4/10	4/16	4/21	5/1	5/9	5/24
1972	3/15	3/27	4/3	4/13	4/23	4/27	5/4	5/21
1973	3/7	3/24	3/29	4/4	4/23	4/25	5/3	—

　　从英国马绍姆家族长期记录的物候资料看，我们可以将18世纪和20世纪物候的迟早作一比较。如1741—1750年的10年平均和1921—1930年的10年平均，春初7种乔木抽青和始花的日期互相比较，则后者比前者早9天。也就是说，20世纪的30年代比18世纪中叶，英国南部的春天要提前9天。马加莱把表中18世纪中叶（1751—1785年）35年和19世纪末到20世纪初（1891—1925年）35年的物候记录相比，也得出结论说，后一期的春天要比前一期早得多。

　　据统计，目前全世界最长的物候记录，为日本的樱花开花记录（表2-7），这个记录虽是单项记录，而且在20世纪的100年当中，有几次不规则的记录，其记录连续性有所欠缺，但是，这种长期的记录对某些植物的物候研究，可以作为一个参考。

表2-7　日本京都各世纪樱花开花平均日期表

世纪	9	10	11	12	13	14	15	16	17	18	19	20 (1917—1953年)
平均花期	4/11	4/12	4/18	4/24	4/15	4/18	4/13	4/18	4/12	—	4/12	4/14
100年当中记录次数	7	14	5	4	8	12	30	31	10	0	5	36

　　由表2-7可知，各世纪樱花开花日期是很不稳定的，9世纪比12世纪平均要早13天之多。以上我们谈到白居易（772—846）、张籍（766—830）、苏轼（1037—1101）、陆游（1125—1210）的诗文中涉及蜀中荔枝的时候，推论古今物候不同，推想唐时四川气候可能比两宋时温和。从日本京都樱花开花记录看来，11、12世纪樱花花期平均要比9世纪迟一星期到两星期，由此可以知道，日本京都地区，在唐朝时代，也比两宋时期气候温暖，这一记载，可以为古今物候和气候不同的证据。在日本京都樱花开放的1100多年的记录中，最早开花期出现于1246年的3月22日，而最迟开花期出现于1184年的5月15日，两者相差几乎达四个节气，即最早在春分（图2-6），而最迟在立夏以后（图2-7）。

图 2-6 春分时节的桃花及叶芽

图 2-7 立夏时节梨花盛开图

从上面所叙述的情况看来，物候不但南北不同、东西不同、高下不同，而且古今也有很大的差异，即物候不但因地而异，也因时而异，事实不像霍普金斯定律那样简单。为了预告农时、准确服务于农事、服务于鸟类的迁徙预测等，在实际工作中，必须就地观测研究，做出本地区的物候历。上面讲过 1962 年北京地区部分农村种花生等春播作物为时太早，受了损失，若是根据物候来定农时，原可避免这种损失的。这种现象在过去的农村是一种普遍现象，作者曾在江苏省东台市弶港镇六里大队从事农业生产，在 20 世纪 70 年代，3月下旬育秧时，尽管用人工加温、草帘保温等防护措施，但秧苗仍常被低温冻伤，影响栽培和当年产量。我国各地的播种季节和收获时期，是劳动人民经过几百年以至 1000 多年的实践和无数次与自然的斗争才摸索到的，也就是依据当地的气候和物候确定下来的，如有所变更，必须经过精密的调查、实验和全面的考虑。因此，物候的研究，应因地制宜、因种制宜，切不可教条，若贸然行事，一定会遭受损失。

第三章 物候与农时的测报方法

农业生产活动，不管是过去、现在还是将来，都应掌握农时，这是农业生产成功的关键。这一问题，我国和世界各国的农业气象学者都十分关注，也是物候学研究的热点问题。因此，1949 年以来，我国广大农业技术人员，广泛而深入地对我国几种重要的农作物如小麦、水稻、棉花、玉米、大豆、油菜等播种期预报方法进行了研究，提出了适期播种及管理的方法，这些方法已在植物载体和植物等生产活动中，得到广泛的应用，并取得了很好的成果，为我国农业生产连续丰产丰收做出贡献。

为了预告农时，古今中外方法并不一致，概括而说，可分为四个方面。

一、以农谚预测农时

古人把一年分为春、夏、秋、冬 4 个季节，划分季节的目的主要是为了掌握农时。所以，汉字"秋"字从"禾"旁，《说文》把秋字当作禾谷熟之解。德文秋字和收获同为一个字，英文秋字的意思为落叶，可见人类区分季节的时候，一般都和农事有关。到后来，随着农业生产发展的需要，我国又把一年划分为二十四节气，目的就是为更准确地掌握和指导农业活动，不误农事，提高农业生产能力。

我国各地区农民在生产实践中，根据自己生活的区域特点，不断总结，掌握了很多物候经验，例如，有以节气为准的，也有以物候为准的，这些都反映在农谚中。按节气耕种的农谚，如对于冬小麦播种，北京地区是"白露早，寒露迟，秋分种麦正当时"；华北南部是"秋分早，霜降迟，只有寒露正当时"；在江北沿海一带有"寒露霜降，种类正当相"（当地方言，有正当时之意）；还有安徽、江苏是"寒露蚕豆霜降麦"；到了浙江便成"立冬种麦正当时"。对于早稻的播种期，浙江是"清明下种，不用问爹娘"；上海是"清明到，把稻泡"。晚稻的播种期，湖北黄冈是"寒露不出头，割田喂老牛"。对于棉花的播种期，北京地区说："清明早，立夏迟，谷雨种棉正当时。"北方棉区（河北、陕西等省）说："清明玉米谷雨花，谷子播种到立夏。"南方棉区说："清明种花早，小满种花迟，谷雨立夏正当时。"

以动植物的物候为耕种指标农谚的，如对于冬小麦播种期，四川绵阳专区有"雁鹅过，赶快播，雁下地，就嫌迟""过了九月九（农历），下种要跟菊花走""菊花开遍山，豆麦赶快点"。对于棉花的播种期，华北有"枣芽发，种棉花"。在春季水稻育秧期，江苏里下河地区农民有"鹭天鸟儿来得早，春插育秧须提早"〔鹭天学名灰头麦鸡（*Microsarcops cinreus*），当地人把灰头麦鸡称为鹭天鸟〕，诸如此类的农谚很多，不再列举。节气每年是固定在某一日期的，而物候现象是各年的气候条件的反映，所以，按物

候掌握农时，是比较合理的。

我国从北方的黑龙江漠河，到西北的新疆喀什、乌鲁木齐，再到东南沿海，都可以种小麦，只是播种期和品种不同罢了。现在海南岛尚未大量试种，但是，这并不代表热带地区就不宜种小麦。从世界小麦分布图上就可以知道，在热带如印度台坎半岛、赤道东非洲和拉丁美洲的古巴等地区都有大面积小麦的种植。如在海南岛种小麦，只是引种驯化冬小麦春化的问题和掌握播种时间的问题而已。赤道东非洲种小麦，一年可两熟，因为赤道地区一年有两个雨季。我国冬小麦的播种期从北方开始，向南逐渐推迟，而从我国小麦黄熟期等候线来看，小麦的黄熟先自南方开始，向北逐渐推迟，与播种期恰恰相反；播种越早的，黄熟期越迟，播种越迟的，黄熟期越早。也就是北方小麦生长期长，南方小麦生长期短。以北京和广州两个地区相比较，广州附近地区小麦播种期比北京及周边地区要迟两个月以上；广州附近地区小麦黄熟期比北京地区要早黄熟三个月左右。北京及周边地区小麦全部生长期，一般需 270 天（9 个月），而广州附近地区则只需 120 天（4 个月）左右，两者相差 150 天，即 5 个月。以产量来说，北方小麦生长期长，产量高，小麦的质量好；而南方小麦生长期短，产量低。为什么是这样呢？关于这个问题，留待后面再谈。

二、以自然历预测农时

我国从汉代起，《逸周书》中就有七十二候的物候记载。与古希腊、古罗马一样，我国古代也有花历，就是"二十四番花信风"。20 世纪 70 年代初，美国理查德·J. 霍普（Richard J. Hopp）在其《论植物物候观测网》一文中曾述及"早在数千年前，中国和罗马在农业上已采用物候观测和物候历"。我国把物候应用于农业生产已有悠久的历史，但是，物候随地域而异，各年也有所不同，所以古代的月令、花历由于气候等的变化，不一定适用于当今农业生产的需要。若以北京近 10 多年来各种物候现象的平均日期与《逸周书》所载七十二候的物候相比较，就可以看出物候的地区性差异（表3-1）。

表 3-1 我国古今物候的比较

《逸周书》中的物候现象	北京近年物候现象与出现的平均日期（日/月）	时间 "±" 差
雨水节二候鸿雁来	雁北飞　14/3	−22 天左右
惊蛰之日桃始华	山桃始花　27/3	−22 天左右
春分之日玄鸟至	燕始见　20/4	−29 天左右

从表 3-1 可以看出，北京 10 多年来，各个物候期的平均日期比《逸周书》所载的物候，大体看都推迟 20 多天，是不是北京近年春初气候变冷了呢？从实际情况衡量，《逸周书》所载的物候，大概是东汉京城洛阳和旧都长安（西安）地区的情况，洛阳、西安的纬度都比北京低 5°～6°。根据我国近年物候记录的分析，纬度每向北增加 1°，春初植物初叶开花延迟 2～4 天。以纬度相差 5°～6°推算，北京的植物开花比洛阳、西安迟 20 天左右，是合乎规律的。然而物候中的候鸟的迁徙，并不完全取决于气候这一种因素，候鸟迁徙迟早还与食源、水源、自然环境以及其鸟类本身的习性等多种因素有关。春季候鸟从南而北是先到洛阳、西安，后到北京地区，所以北京地区春初的物候出现日期比洛阳、西安迟，

主要是由于地理纬度差异的缘故。清初刘献延说："七十二候本诸《月令》,乃七国(即战国)时中原之气候也。"所谓"中原"即今之洛阳、开封一带。所以,古代的月令、花历是不能适用于现在的北京地区,但可与今河南的洛阳、开封、郑州等地物候相比。农业活动最重要的是根据各个地方因地制宜的自然历,因此照搬硬套同一种自然历是不行的,更不可取。春天,植物出叶开花是受气温回暖的影响,所以其与年初日平均温度5℃以上的积温有密切的关系。积温到了一定的数目,生长就会开始,从物象看,植物就会生长、出叶、开花、结果。植物生长发育的每个时期,都有不同的积温要求,温度在一定的生长期范围内就会生长快,温低则相反。

三、以鸟类及其他生物预测农时

从春来到秋高这段时间里,家燕、金腰燕成群活动,到处飞翔。每当午后或傍晚,看到燕子三五成群地低飞,越飞越低,或贴在地面急速滑行,或拍打着翅膀在空中徘徊,有经验的老农就会告诉你:"燕子低飞了,天要下雨了。"此时,农田就不能放药,也不能进行根外施肥。在江苏盐城市周边地区的农村,有一物象专门为农时服务,也就是"鹭天鸟儿来得早(图3-1),春播育秧须提早"。

图3-1 春天过境盐城地区的鹭天鸟

盐城地区群众广泛流传说"七九冻鹭天鸟",是指到了"七九"的时候,天气虽然还很冷,但是这时,鹭天鸟就已出现了,此时,清晨就听可到该鸟"吉吉吉"的鸣叫声。

"鹭天鸟儿来得早,春播育秧须提早",这条谚语的意思:鹭天鸟出现比常年早,则春季回暖快,春播育秧也要提前(包括春玉米、棉花的育苗、播种都应提前)。盐城市建湖县冈东地区气象哨从1967年春开始观察该鸟的物候情况,从该鸟早春开始出现的时间,找出春季天气回暖趋势对应的物候指标,预测农时,从而提高预报农时的准确率。1970年盐城市及江苏省气象预报当年春季回暖快,为暖春,要求提前春播,而该气象哨发现该鹭天鸟出现的时间比常年偏迟,并集合其他物候反应果断做出当年气温回暖期的预报,并

积极向领导建议推迟早稻落谷期，结果预报与实际情况相符，这使全地区春播育秧工作打了一个主动仗，减少了农业损失。

根据其历年观察资料的分析，初步结论也是：鹭天鸟出现时间较常年早，春季回暖就快；反之，回暖慢。观察记载结果见表 3-2 所列。

表 3-2　鹭天鸟迁入盐城地区与气温回升实况

项目　　日期　　　年份	鹭天鸟到盐城的时间	与常年平均时日期相比较	春季温度回升预报	实况	评定
1967	2 月 23 日～23 日	偏早	快	快	准
1968	3 月 3 日～4 日	偏迟	慢	快	不准
1969	3 月 4 日～5 日	偏迟	慢	快	准
1970	3 月 3 日～4 日	偏迟	慢	快	准
1971	3 月 3 日～5 日	偏迟	慢	快	准
1972	3 月 3 日	偏迟	慢	快	准
1973	2 月 22～24 日	偏早	快	快	准
1974	2 月 23～24 日	偏迟	快	快	准
1975	2 月 25～27 日	偏迟	快	快	准
1976	2 月 24～26 日	偏迟	快	慢	不准
平均	2 月 28～3 月 1 日	—	—	—	准确率 80％

四、以积温预测农时

从物候学角度看，人们按季节来定农时固然简单易行，但也有缺点，就是不能更切合实际地、更深入地因地制宜和因时制宜。

除华南广大地区四季常绿外，北方植物冬季一般处在休眠状态中，地上部分停止生长。一定要日平均温度达到某一标准，才开始苏醒生长。很多植物的发育，是在日平均温度上升到 5℃ 的时候开始的，这以上的温度称为有效温度。把逐日的有效温度积累起来，便成为有效积温。植物的每一个阶段生长发育，如冬小麦从拔节到抽穗，或是从抽穗到蜡熟，它们所需要的积温是依据不同品种而有所不同的。如苏联欧洲区域南半部的冬小麦，各品种由拔节至抽穗需要的有效积温为 330℃，而从抽穗至蜡熟时期则需要 490℃。根据这个数据，在小麦拔节后，人们就可以用简单方程式，统一预报小麦抽穗到蜡熟的时间，以便做好后期的管理与收割工作。

据英国波尔庆的研究，在西欧，温度到了 5.5℃ 以下，乔木和灌木就会停止生长，所以，他主张用 5.5℃ 为积温的基点来计算积温。如果由初春起，连续统计同一地点的每日有效积温，那么，乔木或灌木开始放花时，所需要的总积温数字就可以确定了。照这种计算方法，苏联施戈列夫在该国的欧洲地区进行了调查，算出杏花开花期有效积温为 88℃、紫丁香为 202℃、洋槐为 374℃等。我们若把这些数字和表 2-6 所列的北京春季植物开花的温度总和及相关系数表所示的积温相比较，可知北京同一植物发育阶段需要的积温要比苏联欧洲地区的高，而且不稳定。据有关专家推算，北京植物发育取 3℃ 为基本点比取 5℃ 更为合适。至于春季植物发育是否只决定于温度，其余气候因素如雨量、日照、风、云、气压等是否也有影响，这有待于进一步研究与探讨。北京的纬度较苏联莫斯科地区低 16°，春分以后日照时间较莫斯科短，所以，同一植物的生长发育阶段，北京地区需要的时间和积温，与莫斯科地区有很大差异。

我国物候学专家和学者于 1953 年秋至 1956 年夏，在北京西郊地区以冬小麦和春小麦的几个品种，采用分期播种的方法，进行田间栽培试验，以 $D = D_1 + \dfrac{A}{t-B}$ 公式，计算出各发育时期出现的日期（D 表示某一发育时期来到的预测日期，D_1 表示所需求出的某一发育时期之前一发育时期来到的日期，A 为有效温度总和，t 为发育时期的平均温度，B 为有限温度下限）。经计算各个品种的 B 和 A 两个常数不同，各年也微有差异（宛敏渭，刘明孝，崔读昌：《冬小麦播种期与生长发育条件的农业气象鉴定》，1958 年 12 月，科学出版社），其原因在于植物的生长、发育是受气候、土壤、水分等多因子的综合影响，只用温度因子算出的常数是不稳定的。

第四章　物候与动植物

一、物候与鸟类活动

1. 物候与大麻鳽

在江苏省盐城市建湖县里下河一带，民间有"早鳽阴，晚鳽晴，中午鳽叫雨淋淋"的说法，这种鸟的学名叫大麻鳽（*Botaurus stellaris*）（图 4-1），民间也叫小骆驼，它是一种候鸟，每年立夏前后，该鸟飞到这一地区繁衍后代，栖息在芦苇丛中。其形态是：头顶和后颈黑色，上体至尾部均为黄褐色；具不规则的黑色；翼上有黑色横纹；颊和喉部羽毛淡黄色；前颈及胸部具棕色纵纹；下体余部棕黄色，微有黑褐色纵纹；眼黄色，嘴黄绿色，上嘴较浓；眼先和围眼部绿色；脚深黄绿色。该鸟平时在河边、湿地、湖泊的苇荡中活动，以鱼、虾等水生动物为食。为当地的一种常见鸟。

图 4-1　喜欢栖息在草丛中的大麻鳽

该鸟平时很少鸣叫，有时人们去惊动它，它本能发出"沃"的一声，惊飞而去。但是有时却叫声连续，有时是"咕、咕、咕……"，有时是"沃、沃、沃……"。经过长期的观察，人们发现大麻鳽不同时间发出的不同叫声，与天气的变化有密切的对应关系。

在 5~9 这 5 个月，早晨听到大麻鳽发出低声的鸣叫，叫时很吃力，叫声是"咕、咕、咕……"预示未来是晴天；在中午前后，不断发出低沉的"咕、咕、咕……"叫声，则未来出现 2~3 天的连续阴雨天。

2. 物候与斑鸠

鹁鸪鸟即人们通称的斑鸠，俗称野鸽子，又叫鹁家鸪。根据江苏里下河一带老农的长期观察，每当天气发生变化时，鹁鸪鸟就会发出鸣叫，它们的鸣叫声因气候的不同也会有所不同。

在正常的天气下，鹁鸪鸟站在树上，羽毛一般很整齐，尾巴平摆，身体略向前倾斜，脖子自然地伸着，不快不慢地连叫"勃家咕、勃家咕"，在"咕"字上没有拖音，叫声清脆，叫一声停一下，自由自在。当天气转阴雨前，它站在树杈上，羽毛竖起来，尾巴朝上翘，身体向前倾斜，脖子伸得很长，声嘶力竭地连叫"勃、家、咕——咕，勃、家、咕——咕"（图 4-2），最后一个"咕"字的叫声特别重，而且拖音较长，叫声比较嘶哑，一般出现这种情况，时隔一天，雨儿就渐渐下起来了。

图 4-2　珠颈鹁鸪鸟

但有时候，鹁鸪鸟并不是因为天气变化而声嘶力竭地叫喊。如两只鹁鸪鸟打架等，群众称之为"鹁鸪鸟对唱天无雨"。所以，听鹁鸪鸟叫时，一方面要听清叫声，另一方面要注意观察鹁鸪鸟的举动。

广大农民气象员和老农经多次观察，还发现鹁鸪鸟如果在早晨连叫"鹁、家、咕——咕"，则预兆天气不会好，但也不会下雨，只是阴沉沉的。如果午后或晚上听到鹁鸪鸟这样叫，一般在 1~2 天内或更短的时间内将有雨。据江苏省盐城市建湖县芦沟乡气象哨 1969 年以来的观察，他们在一段时间里，共有 14 次听到该鸟同样叫声，预报未来有雨，结果报对了 12 次，2 天为阴天。

3. 物候与翠鸟

翠鸟（Alcedo）（图 4-3）是分布于我国东部和南部常见的一种留鸟，俗名叫"钓鱼郎""小鱼狗"，体呈蓝黑色，羽翼辉泽翠绿，颏和颈侧有白斑，头大，体小。体长约 15 厘米，嘴长而尖直。常常独自栖止临溪而近水的低枝或芦苇上，偶尔抑扬而悠长地发出单

叫声"欺——",一见鱼虾立即迅猛地扑入水中捕食。翠鸟一般营窝于河堤上,特别在新开的河道陡坡上,垂直于堤面掘出隧道一尺多深。多只翠鸟窝的高低基本在一条线上。翠鸟每次下蛋四五只,一星期后孵化出雏鸟。

图 4-3 翠鸟在河边

江苏里下河地区的老农和渔民长期观察发现,翠鸟一般在清明节前后,开始营新窝,其后的桃花水即会发至窝口下 5~6 厘米的地方。春末夏初和大暑至立秋节气之间,同样可以观察翠鸟窝的高低,以作后期降水趋势预报的一个依据,效果都比较好。

建湖县冈东乡合心村有一位 70 多岁的老农民,有这样一段经历:1931 年淮河流域和里下河地区暴雨连绵,由于国民党统治腐败,平时只顾搜刮民财,不兴修水利,因此,造成水患,河水漫过大小河堤,淹没千里江淮平原。在发水之前,这位老农的爷爷指给他看翠鸟的巢窝,反常地营掘于茅坑的 120 厘米高的土围墙上,预言将发大水,让全家做防灾准备。果然不久,洪水淹没该土墙顶下 4~5 厘米的地方,至此后,这位老农屡见屡验,每次皆如此。因此,对此深信不疑。看翠鸟营窝高低报水势大小的道理在什么地方呢?据观察分析可能是翠鸟的本能作用,为了生存和保护下一代,同时,便于自己和下一代捕鱼为食,因此,它们常将窝营掘于高水面不远的地方。至于说为什么翠鸟能预感洪峰的高低,理论上一时尚难解释清楚。但是,广大人民群众在实践中逐步总结和积累起来的这类经验,却可以作为我们做春、夏、秋降水和汛期洪水趋势预报的参考。

此外,经过观察验证,在正常天气,如果发现翠鸟不停息地连续捕鱼,那么预兆未来几天内将转连阴雨,这条经验用来预报短期阴雨效果也比较好。

4. 物候与短耳鸮

短耳鸮俗称猫头鹰,该鸟种类很多,仅我国就有 10 多种。例如短耳鸮(*Asio flammeus*)(图 4-4),它一般在夜间活动,白天隐藏于树干近旁的树枝上,或在林间空旷草地间,人们很少能看见,一般也听不到它的叫声;黄昏后,才出来活动,觅食小鸟、昆虫等,该鸟特别喜欢捕食田鼠。

图 4-4　短耳鸮

　　建湖县广大农村气象哨组的工作人员，经过长期观察实践，运用猫头鹰活动及其叫声预报天气也总结了不少经验。

　　在夏天和初秋，白天忽然听到猫头鹰两三声地连着叫，人们就知道不久将有阴雨了，这就是群众中流传的"猫头鹰二声三声叫，风雨必将到"。在运用这条经验时，要注意把猫头鹰的叫声和其动态结合起来观察分析。在晨曦初露、日出之前或日暮黄昏，如猫头鹰发出一声又一声尖叫，但它在叫的时候，身体不大活动，这多半是由于外界因素的干扰，与天气变化无关。如果听到它的叫声是二声、三声一起连着叫，叫声很不正常，低而阴沉似哭泣一般，且叫时猫头鹰十分不安，往往会从这棵树跳到那棵树，又从那棵树跳到这棵树，这种情况才预兆天将转阴雨。特别是听到其二声、三声连续不断怪叫，则预示天气很快就要转阴雨。该县冈东乡气象哨多年来观察猫头鹰叫声报阴雨，效果较好。例如：1975年 7 月 20 日晚上听到猫头鹰两声三声连续怪叫，预报有雨，结果 7 月 21 日早晨下了 97.6毫米暴雨。

　　5. 物候与黄苇鸦

　　"黄蒙子"是一种鸟，学名黄斑苇鸦（*Ixobrychus sinensis*）（图 4-5），长颈长嘴，嘴色发红，高腿，秃尾巴，羽毛灰黑色，鸟身比麻雀小比白鹭大些，似小鸡一般大小。生活于芦苇塘和草滩中，不大起飞，但动作相当敏捷，一有声响就立即窜走。平时不常听到其叫声，如果在日出前后，听到其长而不清脆的连续长声"呜——"，4～5 次长声，停一两分钟又这样叫，则预示未来 1～2 天内将会有大到暴雨，如果在晚上或日出前后听到短促而清脆的连续短音"呜、呜、呜"，则预示着未来 3～5 天内是晴好天气。但是，在有雾的清晨听到它连续长声呜叫，则对应暴雨就不灵验。

　　据建湖县冈东乡气象哨 1968 年以来的观察记载，在立夏到立秋这段时期内，凡是听到"黄蒙子"的连续长鸣声，预报未来将有大雨或暴雨，其效果十分好。

　　6. 物候与家鸡

　　观察鸡的活动，预测未来天气变化比较灵验。天气晴朗时，气压高，湿度小，鸡活跃

图 4-5　黄斑苇鳽

满地跑，而且鸡窝里鸡屎比较干燥，不易腐烂，散发出的臭气也少，鸡在窝里没有多大感觉，晚上进窝也较早。天将下雨时，气压降低，空气湿度增大，温度升高，鸡为了多觅食，回窝也晚，湿度大，鸡粪发酵产生的热量迫使一些小动物从土中爬出来活动，昆虫翅膀也因潮湿被迫贴着地面飞，这正是鸡觅食的好机会，所以，鸡不愿进窝，忙于捕捉食饵；同时，又由于鸡窝里闷热潮湿，鸡屎也往往腐烂加剧，臭气很重，因而鸡迟迟不愿意进窝，就是进了窝，仍会听到鸡不停地咽啾，所以有"鸡宿迟，雨淋淋""母鸡咽，雨破头"的说法。群众中还广泛流传着"鸡咽啾，必下雨"的说法，也是这个意思。

夏天，如果发现母鸡（图 4-6）在太阳底下伸脚晒翅，或在灰堆上刨塘打滚，则当天下午或夜里会有雷阵雨出现。在连阴雨后，如果发现鸡早晨出窝后相互追逐"打架"，这

图 4-6　不肯进巢的母鸡

是天气转晴的征兆。在隆冬季节，常常还可看到鸡飞上树或站在高坎上晒太阳，精神不振，这是强冷空气即将来临的征兆。

7. 物候与家鸭

鸭子（图4-7）是一种常见的家禽，常常出现在池塘或河旁，有时到农田里觅取食物，并能潜入水中，人们也称之为水鸭。

图4-7　家鸭潜水

江苏盐城一带广大养鸭的老农，经过多年实践，摸索了鸭子叫声、动态与天气变化的一些关系：

"鸭子嘈风。"清晨，鸭子放下河沟，吃了一些食，便停留在水面不停地"呱——呱——呱"地叫了起来，这样的叫声预示未来有大风出现。"鸭子嘈风"就是指这个情况。运用这条经验要注意：鸭子下水后，又回到岸上，跟随着牧人，一边点着头，一边不停地叫着，这是鸭子要吃食。河面上发现少数鸭子，边游边一个劲地叫着，这是它们失群后在寻找鸭群或受了惊吓，以上这两种现象，不属鸭嘈风的范畴。

"鸭子潜水快，天气要变坏。"傍晚，鸭子连续潜入水中攫取食物，一会儿把头插入翅膀里，一会儿漂浮于水面休息，然后，又开始连续进行潜水活动，捕捉食饵，出现这样的现象，则预兆未来将有阴雨天气出现。

"鸭子上栏早，雨天将来到。"傍晚，鸭子吃完了食，急急忙忙地提前上栏，也同样预示将出现阴雨。

"鸭冷下河。"严寒的冬天，鸭子总是长时间地在水中，不是休息，就是缩起头漂浮在水面上，甚至经人驱赶后，仍不乐意上岸，这是天气连续寒冷的先兆，就是人们所说的"鸭冷下河"。因为在冬天，河水温度往往比气温高，鸭子畏寒冷，加之又喜水，所以自然就愿意待在水中，而不肯上岸。

8. 物候与家燕

在春末到秋初这段时间里，家燕（*Hirundo rustica*）（图4-8）成群，到处飞翔。但是，每当午后或傍晚看到家燕三五成群低飞，越飞越低，或贴着地面急速滑行，或拍打着

翅膀在空中徘徊，有经验的老农就会说："燕子低飞了，天要下雨了"，"燕子低飞雨天报，贴着地面大雨到。"

图 4-8　家燕

为什么燕子低飞天要下雨呢？因为，各种小昆虫都是燕子最好的食物，而天要下雨前，空气中含的水汽急剧增多，把大多数昆虫的翅膀沾湿，它们不能自由展翅高飞，一般只是低飞；同时，一些伏居土壤中的昆虫也纷纷爬出土外透透空气，这正是燕子捕捉的好机会，所以，燕子要低飞去捕捉。此外，在下雨前，气流较混乱，燕子得不到合适的风力抬升高飞，飞行中只好忽高忽低，乍沉又起，掠水剪波，翻飞不定。所以说，燕子低飞是天要下雨的征兆。

如果发现燕子在日出前就早早出去捕食或衔草，而且总是忙忙碌碌地进进出出，穿来穿去，则预示将有一段连阴雨天气。

有时，还可以看到燕子向水面俯冲，两翼拍击一下水面又掠飞而上，过一会又重复这样的举动，人们称之为"燕子'洗澡'"，这同样是将有阴雨天气的征兆。在春秋季节，如果连续三天观察到燕子"洗澡"，则未来将有三天以上的连阴雨天气。在夏季，早上就看到燕子"洗澡"，一般在中午前后就会出现阵雨或雷阵雨。如果下午燕子在水上"洗澡"，一般在夜里或第二天有雷阵雨。如果在阴雨刚停时，又发现燕子拍水"洗澡"，预兆未来天气不会转晴。但是在白露节气中，若日出前后燕子就飞在电线上喧噪，在中午前后又纷纷飞向水面"洗澡"，这样的现象预兆未来将是少雨晴热，也就是群众所说的秋伏天气，有的地方亦称"秋老虎"。

9. 物候与麻雀

麻雀（*Passer montanus*）（图 4-9）是人所熟知的一种鸟，也称宾雀、瓦雀、家雀。它双脚轻捷，性好成群，白天四处觅食，晚间栖于树木洞隙间，或住家的屋檐下。每天凌晨，它们就开始喧噪，平时叽叽喳喳叫个不停。麻雀以农作物以及谷种为食，繁殖季节兼食昆虫，冬季多以杂草种子为食，常结成3～5只小群。

图4-9 麻雀"洗澡"

麻雀以农作物谷种为食，有一定的危害，但是它的一些活动可作为人们预测未来天气的参考。建湖县广大人民群众和农村气象哨一方面积极地与麻雀的危害做斗争，另一方面也注意利用麻雀活动与天气变化的一些关系来预测天气，总结和积累了一定的经验。

在正常天气里，晨曦初露，麻雀便在庭前院后，屋檐树梢，跳跃欢唱："吱喊、吱喊喊喊喊吱……"叫声清脆连续，这种情况，预示天气继续保持晴好；若叫声拖长："吱、吱——"叫时缩着头，或者在屋檐下、雀窝内擦嘴，则预兆将有阴雨天气到来。在春末夏初或秋天的午后，如见到麻雀3～5只成群拍击水面，这就是人们所说的"麻雀'洗澡'"，"洗澡"后，它们又飞上河岸，边晒太阳，边用嘴擦羽毛，过一会儿又去"洗澡"，又晒太阳……出现这种情况则预兆当天夜里或第二天将要下雨，且雨量可达中等以上。农谚"麻雀'洗澡'雨要到"就是指这种情况。在夏季，如麻雀"洗澡"后飞向高处，未来只会转阴或下一点零星小雨；在秋季，如麻雀"洗澡"后不晒太阳，而飞向电线杆、树头等高处，则预兆未来将会出现大风或阴天。

冬季，特别是寒冷的一月，如发现麻雀四处觅食，异常忙碌，同时还把一些杂草种子衔进巢，这就是人们常说的"麻雀囤食"，预兆天要下雪，农谚"麻雀囤食，天要下雪"就是这个意思。据长期的观察发现，"麻雀囤食"一般3～5天内将下中到大雪。

10. 物候与喜鹊

喜鹊（*Pica pica*）（图4-10）是人们最常见的一种留鸟。在我国各地都有分布，尤以平原地区居多。我国古代劳动人民早就利用喜鹊叫声来预测晴雨。如《禽经》记载有："仰鸣则阴、俯鸣则雨。"经过观察验证，喜鹊的叫声确能预报晴雨。在早晨（包括久阴雨的早晨）突然听到喜鹊婉转自如的叫声，边叫边跳，自由自在，则预示将是晴天，人们称之为"朝早晴"。如果在晴天，成群的喜鹊在树上落落飞飞，跳跳叫叫，声音参差不齐，则未来将有连阴雨天气，人们称之为："喜鹊乱叫，阴雨天到。"

"喜鹊'洗澡'天将雨。"在夏秋季节，发现喜鹊飞入河里"洗澡"，后飞到树上刷毛，

图 4-10　草地上鸣叫的喜鹊

再飞入河里"洗澡",往来反复多次,则未来一两天内将有阴雨。如果喜鹊"洗澡"次数不多,则未来很可能要刮大风。

建湖县还广泛流传"窝高主风、低主水"的谚语,即在每年春节之后,看喜鹊窝的高低预测当年是大风天气偏多,还是雨水偏多,较为灵验。怎么看鹊窝高低呢?鹊窝若筑在树梢上的枝干部即为高,若筑在下部树干上即为低。1968年、1971年和1975年,我们根据当地普遍鹊窝筑得高,预报当年大风次数多。1970年、1972年和1973年普遍鹊窝筑得低,预报当年降水量比较常年偏多,其结果与实况基本相符。

"喜鹊藏食,主连阴雨。"喜鹊喜食各种昆虫及其幼虫,兼吃谷物。如果发现其紧张而繁忙地搬食在房屋上或墙穴内贮藏,则预兆未来将有一段较长时间的连阴雨。1971年5月27日至28日,该县裴刘乡气象哨的一位60多岁老农,发现喜鹊到处贮食,主动向乡政府反映未来将有一段较长时间连阴雨,对麦收有影响,建议要及时抢收三麦,做好防烂场工作。结果,6月2日至23日果然连续出现了阴雨天气,由于早有准备,三麦没有受到太大影响。

11. 物候与乌鸦

秃鼻乌鸦(*Corvus frugilegus*)是人们常见的鸟类。筑窝于高树上,以果实、昆虫、谷物、蔬菜和垃圾中的废物等为食饵。在苏北里下河地区,常见的是秃鼻乌鸦和白颈乌鸦两种。秃鼻乌鸦全身羽毛呈纯黑色,在阳光下,具有金属光泽,人们统称之为"乌鸦""老鸦"。颈部有一圈白色羽毛的乌鸦,人们称之为"白颈鸦"或"白脖老鸦"。

乌鸦的活动特征,常能指示未来天气的变化。500多年前,《田家五行》一书记载有:"赤老鸦含水叫,雨则未晴;晴亦主雨。老鸦作此声者,亦然。"意思说:在下雨时,听到乌鸦嘴里好像含着水一样叫,雨不会停止,而晴天听到它这样叫,未来也要下雨。根据我们常年的观察,乌鸦的叫声和活动特征对未来天气变化确实具有明显的指示作用。

"乌鸦'洗澡'高处蹲,未来大雨临;乌鸦低处停,未来雨打门。"乌鸦飞到河内"洗澡"后，再飞到大树上，用嘴不停地梳身上的羽毛，则未来将要刮大风；若它在"洗澡"后，飞到低处或低树上梳毛，则未来将要下大雨；如果乌鸦不下河"洗澡"，仅是梳毛，先梳背，后梳胸，则未来将转阴而无雨。

"乌鸦哑声叫，大雨就要到；乌鸦叫声响，将有大风来。"看到乌鸦在空中飞翔，边飞边发出嘶哑吃力的"哑、哑……"的叫声，则预兆未来2～3天内将要下雨。若它边飞边发出高亢的"呱、呱……"的声音，则未来要刮大西北风或北风。

"鸦头指风"（图4-11），据多年的观察，在刮风前，白颈鸦停歇在大树枝上，它的头朝的方向，就是将要刮风的风向。比如，在地面风很小的时候，发现白颈鸦停落在树上，它的头朝北，则预示未来将刮西北风；头朝东，未来将吹东风。如果它在空中上上下下，忽左忽右，飞向不定，则未来没有大风。

"乌鸦低飞同时叫，当天天晴好。"在早晨看到乌鸦低空飞翔，同时，不断发出叫声，则当天不会有阴雨，而且是晴好天气。

图4-11 鸦头指风

12. 物候与白额燕鸥

白额燕鸥（*Sterna albifrons*）（图4-12），又叫小燕鸥、小海燕。羽毛呈灰白色，在江苏里下河地区被称为"白闪子"（比喻其飞得快）。它常栖息于海边和内陆江河、水田等处，性好成群，往返飞翔，以浅水中的小鱼和虾类、昆虫等为食。

俗话说："'白闪子'上庄，大水茫茫。"意思是说，"白闪子"成群飞到村庄后降落，未来将要发大水。该县广大农民气象哨学习运用这条经验来做长期预报，效果较好。1969年和1972年这两年，立秋节气后，许多天的早上和晚上都看到成群的"白闪子"飞过，并不时在村庄上停留，预报当年秋季雨水偏多。结果后期都发生了一段较长时间的连阴雨天气，秋季总降水量大于常年。通过长期的观察预报实践，我们还发现"白闪子"也能作为短期预报的一个参考：每当看到"白闪子"落在收割后的稻田上，边觅食，边发出"丢、丢、丢……"的叫声，或上上下下飞翔，此种征兆出现后，未来1～2天将转阴雨。

图 4-12　白额燕鸥

如果成群飞翔时，只听到"唧、唧、唧……"的叫声，则未来是晴好天气。在秋末冬初，"白闪子"成群飞过而不停留，则预兆未来将有一次冷空气南下。

二、物候与植物

在正常的天气、气候条件下，每一种植物都有其一定的生长规律和习性。植物作为物候的一个重要内容，常被人们用来观测物候气象的变化。在自然条件下，如果气象条件发生变化，植物的生长、发育和习性也会随之而产生变化，有的在生理上还会产生明显反应，根据这些变化和反应，我们也可以植物为物候，从而预测天气、气候的变化。

1. 物候与柳树

柳树（*Salix babylonica*），枝条柔韧，叶狭长，俗称垂柳，为落叶乔木或灌木。柳枝适应环境的能力很强。春天，柳枝一入土，就很快"独立营生"，柳树生长快，不择风土，四海为家，所以柳树分布很广，到处均可看到，尤其在南方，差不多宅前屋后，都有柳树生长，湖边、河边、路边更是垂柳依依，迎风飘拂。广大劳动人民通过观察柳树萌芽日期的早迟来预报早春天气回暖的快慢，指导农业生产。在夏季，又通过观察柳树树叶翻卷、"发白"等现象预报阴雨天气和雨量的大小，同自然灾害做斗争。

严冬过去，春临大地，温度逐渐回升，这时柳树也开始萌芽，先由柳枝的鳞芽的鳞片裂开，然后出现绿色的尖端。人们说："柳枝萌芽早，初春温度高。"建湖县冈东乡合心村气象组从1967以来，根据这条经验，观察柳树萌芽时间的早迟，预报春季温度的高低，效果较好。其预报的方法和指标是：将当年柳树萌芽时间与常年平均日期相比较，若提前，定为早，则预报春季温度回升快，温度偏高；反之，则回升慢，温度偏低，详细结果见表 4-1 所列。

表 4-1　柳树萌芽与气温回升实况

项 目 日 期 年 份	柳树萌芽时间	回暖早迟预报	实况	评定
1967	2月27日～28日	快	快	准
1968	3月27日～28日	快	快	准
1969	3月13日～14日	慢	慢	准
1970	3月15日～16日	慢	慢	准
1971	3月16日～17日	慢	慢	准
1972	3月16日	慢	慢	准
1973	2月25～27日	快	快	准
1974	2月14～16日	慢	快	不准
1975	2月28日	快	快	准
1976	2月26～28日	快	慢	不准
平均	3月9～10日	—	—	—

到了夏季，柳叶下垂，葱绿一片，大自然一派生机盎然。但这个时候，如发现柳叶"发白"（图 4-13），那么，则预兆未来将有阴雨了。柳叶为什么会发白呢？观察结果发现，并非柳叶从绿色变为白色，而是在阴雨天前，柳树的叶片普遍反转过来，柳叶朝阳面呈绿色，而其反面为淡绿色，淡绿与绿色相比，色泽上淡了一点，看上去也就会有一点白的感觉。所以，又有"柳树叶儿发白，天将阴雨"的说法。至于雨前柳树叶为什么反转，目前尚难解释，要解开这一谜底，有待于进一步认识与研究。

图 4-13　柳树叶

在 7～8 月份，如发现柳树根生出红须 15～30 厘米，须尖呈白色，则预兆未来一个月内雨水偏多，空气湿度大，粮食、花生、油料等易生霉，这即是人们所说的"柳树根生红须，未来雨多湿气大"。

2. 物候与桃花

"看桃花报天气"，桃树（*Amygdalus persica*）为最常见的果树之一，其表十分艳丽，"发尽桃花水，必是旱黄霉""桃花落淤泥，收麦起塘灰"，这是流传于江淮流域一带的测天农谚。意思是说：桃花盛开之时的雨水多少，与后期收麦期间及梅雨季节的雨水多少有一定的对应关系。在江淮流域一带，每当桃花盛开时雨水偏多（80～100 毫米），当年梅雨量就偏少；若桃花盛开之时，遇上三天以上连阴雨天气，那么，小满到芒种节气内就少雨；而桃花快落之时，若雨水偏多，俗称"谢花水"，则对应小暑节气内雨水偏少。这些相应关系运用到实践中来，预报效果很好。

建湖县广大气象哨组的人员对桃花与天气的关系进行进一步观察研究，发现看桃花的颜色，即看结小毛桃子的桃花颜色，也可以作为预报天气的一个重要依据。

桃花的颜色不一样，对应预兆的雨水多少也不一样。桃花有些年份呈粉红色，有些年份呈紫红色。粉红色，系指花瓣边缘呈白色，中间有较小面积为红色，人们又称胭脂色。若整个花瓣红得发紫，则称之为紫红色。1968 年以来，在桃花盛开时，我们观察花的不同颜色来预报后期（当年 4 月下旬到 5 月中旬）降水的多少，结果是：8 年中有 2 年（1970—1972 年）桃花呈紫红色，后期降水均偏少；有 6 年桃花呈粉红色，后期降水均偏多。后来的 1980—1990 年和 2000—2010 年的观测资料，也印证了上述物候现象。

3. 物候与芦苇

"看芦苇报天气"，芦苇（*Phragmites australias*）属禾本科，多年生草本植物，地下有粗壮匍匐的根茎，叶片广披针形，排列两行，夏末秋初开芦花。多长于河旁湖滩，分布极广，我国人民早就利用它来保土固堤。成熟收割后，又用它的秸秆做造纸、盖房和织编席帘的原料。

我国劳动人民不但会合理地利用芦苇，还从实践中总结出了芦苇生长的状况与天气变化的关系。《田家五行》中记载："看萑草，一名干戈，调其有利故也，芦苇之屑，丛生于地。夏月暴热之时，忽自枯死，主有水。"这里说的看萑草，即芦苇的一种，长在河边，有刺。其意思是：在农历六月，天气暴热，忽然看见萑草枯死，则未来雨水偏多。本地群众也有"芦苇心尖往下枯死，大雨将来到"的经验，指的是在夏天，正是芦苇生长茂盛的季节，往往有些芦苇心，在人们并没有去折断它，也没有钻心虫的危害时，却自然从心尖开始逐步往下发黄、枯萎。出现这种状况则 3～5 天后将有一次较大的降水过程，甚至可达暴雨程度。建湖县冈东乡气象哨，在充分观测研究的基础上，总结了这方面的经验，而且取得了较好的预报效果。

有经验的老农还发现，在夏季较大的降水过程到来之前，不仅芦苇心尖往下枯死，而且芦苇叶子的反面常常会出现许多黑色和白色的小虫，本地群众称之为"柴虱子"，人们说："柴虱子乱爬，赶快打坝。"意思是发现芦苇叶子反面柴虱子增多，活动频繁；则应围堤打坝，做好抗涝准备。

农历八月，芦花开放，稻谷飘香，据有经验的老农反映，看带红色的芦花穗长度也能预测秋季雨水的多少。据他们的经验，正常年份，芦花穗枝的长度平均为 30～50 厘米，若是长到 60～70 厘米，则当年秋季雨水偏多，对中、晚稻收割登场可能有一定影响。所以，人们也有"芦花穗子抽得长，谨防烂稻场"的说法。

4. 物候与南瓜

"南瓜头向下，天气将变化"，南瓜（*Cucurbita moschata*）（图 4-14）是人们常见瓜类之一，它生着比较长的藤，瓜藤头通常都是向上而逐步向前延伸生长。在夏季的早晨，如果发现瓜藤头普遍向下，则预兆未来的天气将转阴雨，在久连阴雨的天气下，如果发现瓜藤头普遍往上翘，则预示天气将转晴好。

图 4-14　南瓜头朝下，天气将变化

这主要是南瓜头具有向阳性和向阴性的缘故，随着天气条件的变化，南瓜头的这两种习性表现的明显程度也不同。在正常的天气下，由于阳光的照射，它的向阳性表现明显，因此瓜藤头普遍向上。如果天气发生阴雨变化，则它又明显地表现出另一种习性——向阴性，因此，瓜藤头普遍向下。

5. 物候与韭菜

"韭菜发芽报春早"，韭菜（*Allium tuberosum*）是人们经常食用的一种多年生蔬菜之一，当初春还带有严寒气息的时候，往往韭菜就已发芽。经多年的实践观察到，一般韭菜在 2 月上中旬开始发芽，预示春季温度回升快；2 月下旬发芽，温度回升正常；3 月上旬发芽，则温度回升慢。他们根据韭菜发芽日期的早迟，预报春季温度回升的快慢，来选择春播的适宜时间，收到了较好的效果。

根据建湖县冈东气象哨从 1967—1976 年连续 10 年的观察验证，其中，有 8 年与上述规律是相符的，其结果见表 4-2 所列。

表4-2 韭菜发芽时间与温度回升

年份	韭菜发芽时间	与平均发芽日期相比	温度回升	
			预报	实况
1967	2月9~10日	早	快	快
1968	2月14~15日	早	快	快
1969	2月27~28日	迟	慢	慢
1970	3月3~4日	迟	慢	慢
1971	3月4~5日	迟	慢	慢
1972	3月3~4日	迟	慢	慢
1973	2月23~24日	早	快	快
1974	3月4~5日	迟	慢	快
1975	2月25~26日	正常	正常	快
1976	2月22~23日	早	慢	慢
平均	2月25~26日	—	—	—

从表4-2中可以看出，1974年韭菜发芽迟，但是这一年的回暖并不迟，1976年是韭菜发芽早的一年，然而这年的回暖却迟。这究竟是什么原因呢？

根据进一步研究，发现1976年韭菜发芽虽早，但发芽后过一个时期发育生长停顿，且韭菜尖梢枯黄，显示当时冷暖变化幅度大，影响了温度回升。1974年发芽虽迟，但发芽后，天气连续多阴雨，促使土地温度加快回升。人们说"一场春雨一场暖，十场春雨穿单衣"，所以一般情况下，春雨多的年份，春季温度也回升快，除此，韭菜对晴雨天气的变化也有反应。如在早晨割韭菜时，闻到荤味很大，若当时是晴天，则预兆天气将会转阴雨；若当时是阴雨天，则预兆继续是阴雨天气，仍然不会马上转好，这一段时期内雨水将偏多。所以，当地有"天气好不好，割把韭菜就知道"之说。

6. 物候与巴根草

巴根草，学名叫大穗结缕草（*Zoysia macrostachya*）（图4-15），建湖县群众又叫笆篱根草、爬地草、高獐毛等。它是一种耐旱多年生的草本植物，一节生两叶，节节生根在地底。平原地区经常长于田埂旁、路旁、河圩堤上。每年初春出芽生长，寒露季节逐渐枯死。"巴根草生霉天将雨"，这是流传于建湖地区群众中的一条测天经验。建湖县农村气象哨组的人员，学习运用这条看天经验时，首先在什么叫"生霉"

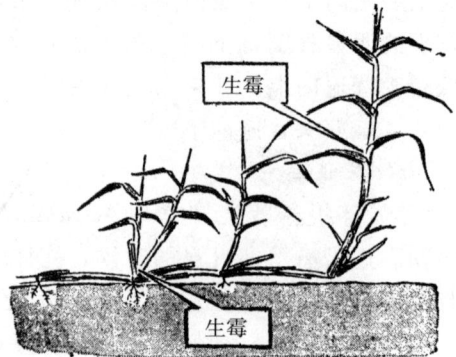

图4-15 巴根草生霉

这个问题上进行了实践研究。"生霉"就是在植物的叶与茎部的交叉处出现一个个小的白色或乳白色、灰白色、黄褐色的霉毛毡，形状就像平常食物霉烂后生的霉毛一样。从根部匍上到上部叶片以下，各个叶与茎交叉处均有。往往从根部出现，逐渐蔓延到上部，经3～5天时间，霉菌逐渐增大，而后掉落于地面。什么地方和什么季节的巴根草对天气变化有较好的指示作用呢？据几年实践发现，距水源远而且比较干燥的地方为宜。因为靠近水源的地方，水分充足，贴地层和土壤湿度都较大，巴根草在正常天气下也常常会发生生霉现象；而地势较高又干燥的田埂旁、路边、河堤上的巴根草，生霉一般都与天气变化有关系，用它们作为定株观察，做预报天气的一个依据才有较好的指示作用。尤其在莳梅天，用巴根草生霉来预测天气效果较好。一般发现巴根草生霉，则未来2～3天内将有一次降水过程，该县建阳气象哨在1970年7月14日观察这一物像，结合其他物像反应反复进行了分析，果断地预报1～2天内将有雨，建议暂不抗旱，结果7月15～17日连续3天都下雨，降水量为94.7毫米。

7. 物候与茅草丫子

"茅草丫子'吐沫'，明日冒雨干活"，茅草（*Imperata cylindrica*）学名白茅草，为多年生草本植物（图4-16），地下有长的根茎，叶片线性，几乎遍及全国，可作牧草和造纸原料。

图4-16　初夏开花的白茅草

盛夏，在天将转阴雨之时，常常可以看到茅草叶子与茎交界处（俗称"茅草丫子"或"茅子"）冒出一小团水沫，形状就像出水的螃蟹吐的白色沫那样，出现这种情况，一般一天以后本地区将有阴雨。所以，一旦发现茅草丫子"吐沫"，第二天人们就要准备冒雨干活了。这就是农谚所说的，"茅草丫子'吐沫'，明日冒雨干活"。

茅草丫子"吐沫"，为什么与天气阴雨有关呢？

我们知道，植物是靠根吸收土壤中的水分，再由茎输送给各个组织来维持生命的，当天将阴雨时，空气湿度增大，而越接近地表湿度越大。这样，茅草的根就能吸收到较多的水分，这些水分除供各组织外，还有"过剩"，这些过剩的水分，就在茅草叶茎的交界处

溢出来，这就是人们看到的"沫"。所以，茅草丫子"吐沫"，是天将阴雨的一个征兆。

根据建湖县农村气象哨的经验，选择远离水源，长在较高处的茅草观察比较准确。观察时间，一般应在上午8时左右和下午4时左右。因为中午前后，太阳光线较强，植物蒸腾作用也较大，即使空气湿度大，茅草根吸收的水分也不容易"过剩"，我们也不易看到茅草丫子"吐沫"的现象。

8. 物候学与含羞草

含羞草（*Mimosa pudica*）（图4-17）可算是一种"奇妙"的植物。当你轻轻碰它一下，它就像"害羞"一样，把叶子合拢起来，垂下去。含羞草这种怪脾气，是它的一种本能，也是它对自然条件的一种适应。然而，我们可以利用含羞草这种怪脾气和本能，作为预测未来天气的参考。

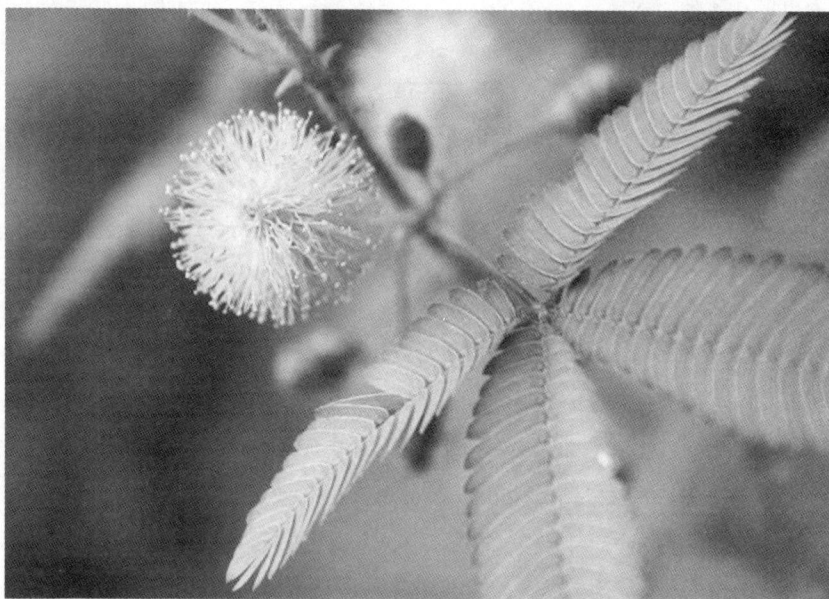

图4-17 含羞草

"含羞草'害羞'，天将阴雨。"这就是说，如含羞草叶片自然下垂、合拢，出现了"害羞"的现象，则预兆将有阴雨。在正常的情况下，含羞草一般不会"害羞"，即使你去触碰它的叶片，虽然其叶片很快合拢但恢复原状也很快。天气如发生变化，含羞草本身对湿度反应就很灵敏，加之近地层小昆虫由于空气湿度增大飞舞能力减弱，只能贴近地面低飞，往往容易碰到含羞草叶子，又加快了叶子的"膨压作用"，即在含羞草叶柄的基部有着一个"水鼓鼓"的薄壁细胞组织——叶褥，里面充满了水分。当叶子受到刺激时，叶褥下部细胞里的水分立即向上部与两侧流去，于是，叶褥下部就像泄了气的皮球一般瘪下去，上部像打足气的皮球鼓起来，叶子也就下垂合拢了，看上去含羞草就好像"害羞"了。这时候，若人再去碰其叶片，叶片还会相应合拢但折叠得不大，恢复原状也相当慢。发现这种情况，一般1~2天内，天气将转阴雨。10年来，建湖县广大农村气象哨人员参照这条经验预报阴雨，效果较好。但是，这一现象在南方地区，如福建、广东、广西等地方并不能准确地预测天气。同一种植物，在不同地区，其物候现象为何不一样？这一现象有待进一步观察研究。

9. 物候与青苔

青苔（*Spirogyra* sp.）（水绵）为淡水浮生藻类中最普通的一种。青苔的丝状体在光线照射下，其外面有一层黏滑的胶质，呈绿色。建湖县地处里下河地区，河道纵横，沟渠基多，青苔到处都是。"水底泛青苔，天有风雨来"，意思是说在春、夏、秋季节，发现水底泛起青苔，则未来 1～2 天内天气将转阴有雨。这是为什么呢？

在阴雨天气之前，温度增高，河沟水塘底淤泥中腐烂物发酵，加之大气气压低，促使水中气体排出，这样，常常就将附在淤泥上的青苔浮出水面。所以水底青苔往上泛是天将阴雨的一个先兆。

该县广大气象哨组还根据春季青苔第一次浮出水面的时间早迟，来预报当年 4～5 月份雨水的多少，其规律是：春季青苔浮水面时间迟，该年春播时（4～5 月份）多雨；反之，则少雨。历年观察、预报结果见表 4-3 所列。

表 4-3　青苔泛水面时间与 4～5 月份的降水关系

年份	青苔泛水面时间	与常年平均日期相比	四、五月降水	
			预报	实况
1968	3 月 19～21 日	早	偏少	偏少
1969	3 月 24～25 日	迟	偏多	偏多
1970	3 月 18～20 日	早	偏少	偏少
1971	3 月 25～27 日	迟	偏多	偏多
1972	3 月 20～21 日	早	偏少	偏少
1973	3 月 24～26 日	迟	偏多	偏多
1974	3 月 25～27 日	迟	偏多	偏多
1975	3 月 22～24 日	早	偏少	偏少
1976	3 月 26～28 日	迟	偏多	偏多
平均	3 月 22～25 日	—		

10. 物候与菱角

菱角（*Trapa bispinosa*）（图 4-18）是一种水生植物，一般有两角菱、四角菱和无角菱，主要分布在我国的江苏、安徽、浙江、江西、上海等省市。沟、河、湖泊、湿地等均可种植。每年开春播种，夏秋之间开花结实。夏季是菱角生长盛期，此时菱角头长满沟、河、湖、塘水面。如果发现大多数菱角头从水面"下沉"，则预兆一至两天内天气将可能转阴有雨，这就是俗话说的"菱角盘沉水，天要下雨"。

为什么菱角头"下沉"预兆阴雨天气？经过观察发现，在阴雨天气到来前，由于温度较高，沟塘河底淤泥中的腐烂物发酵，加之大气气压低，这促使水中气体排出，不断地泛泡，随着气泡的上泛，一部分泥附在菱角叶片上。同时，生活在池塘底下的小螺蛳等，也会顺着菱角藤向上爬，这样，菱角头的重量增加了，便逐渐下沉。所以，如果在久旱不雨

图 4-18　菱角

的夏秋之季，发现菱角头普遍下沉，那是阴雨天气的先兆。相反，如果菱角头竖在水面上，说明天气连续放晴，故当有"菱角抬起头，太阳晒破头"。

11. 物候与麦黄蕈子

麦黄蕈子（图 4-19），学名多汁乳菇（*Lactarius rolemus*），丛生在麦子黄熟的田里。呈伞状，浅黄色，有的呈淡黄色。每当麦收季节，人们常常通过麦田里有无麦黄蕈子，来

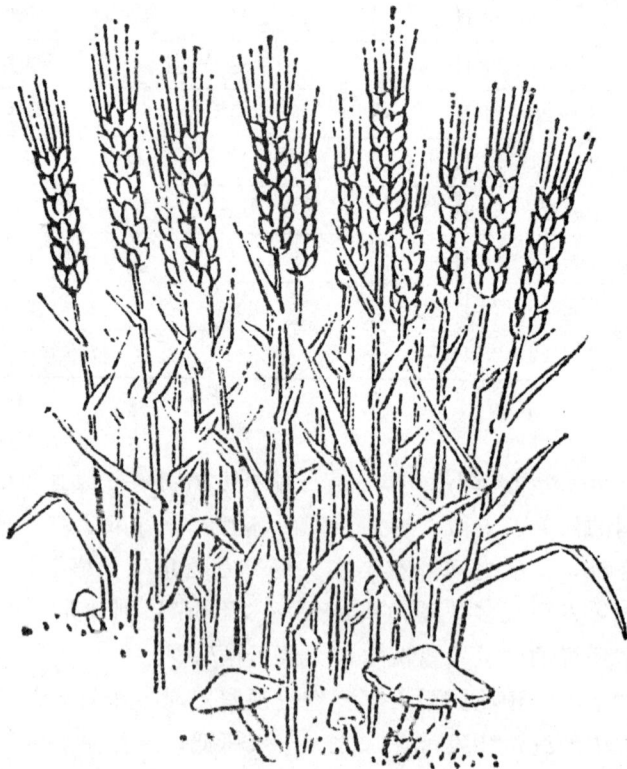

图 4-19　麦黄蕈子

预报后期梅雨量多少，其对应关系是：麦黄蕈子出现多，则当年梅雨量偏多；麦黄蕈子出观少，甚至没有，则梅雨量偏少，以至空梅。建湖县自 1971 年以来，各农村气象哨组通过观察实践表明，该预测效果较好：1971 年、1972 年，麦黄蕈子多，这两年梅雨量显著偏大；1973—1976 年这 4 年，麦黄蕈子少，对应梅雨量也小；1980—1990 年的 10 年中，有 6 年麦黄蕈子较少，对应梅雨量较小；1991—2000 年的观测数据也符合这一规律；2001—2011 年的 10 年的观测数据也与其规律相符。

12. 物候与虫窝

虫窝是指蛀虫在树上蛀的窝。春夏季节，榆树、杨树和柳树枝叶繁茂，生命力十分旺盛。正常的天气，由于阳光的照射，它们的蒸腾作用比较大，根部吸收的水分，除维持本身正常的"生活"，还不间断地通过叶片散发到空中。阴雨天气到来前，由于空气的湿度大，树木的蒸腾作用就相对减少，这时，根部吸收来的水分不免要产生一些"过剩"，就从树干、树枝上的虫窝里流出来。因此说虫窝淌水（图 4 - 20），是天气将发生阴雨变化的预兆。建湖县冈东中学气象哨师生，经过长期观察发现，每当虫窝淌水，若先是清水，后是黏稠状的胶质水，则未来2～3天内即有阴雨天气出现。

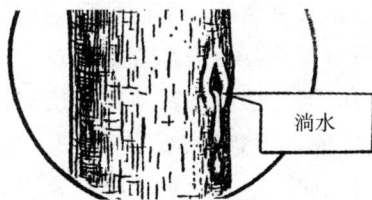

图 4 - 20 虫窝淌水

三、物候与其他动物

动物有它本身的活动规律和习性，在不同的天气、气候条件下，它们的活动规律和习性会发生一些异常的变化，我们可以根据这些变化来判断天气、气候的变化。

1. 物候与屎壳郎

推屎虫又叫屎壳郎（图 4 - 21），学名叫蜣螂（*Geotrupidae*）。它是一种较大额黑色甲虫，专以马粪、牛粪、人粪为食。白天躲在粪堆下洞中"休息"，晚上到处乱飞寻找食源。找到食源，便钻到那个粪堆底下，掘一个很深的洞，把粪朝洞里装，装完后又去寻找新的食源，忙忙碌碌，见粪就推，人们称它为"推屎虫"。

图 4 - 21 蜣螂

"推屎虫通夜忙，明天好晒粮"，意思是说，夜里观察到推屎虫到处乱飞，边飞边找食源，则预示第二天是个晴天，好晒粮食。建湖县新阳中学气象哨师生，根据多年观察验证，总结出了推屎虫和天气变化的下列关系：

在夏季，晴好天气的夜里，推屎虫纷纷外出活动，则预示第二天仍是晴天。若白天下雨，傍晚雨还在下，但发现推屎虫外出活动，则预示阴雨天气即将停止，第二天将是晴天。如在晴朗的夜里，推屎虫却躲在洞中，不愿意出来活动，则预示第二天将要转阴天。因此，人们风趣地称它为"活的晴雨计，走的晴雨表"。

2. 物候与蚂蚁

根据建湖县气象哨和老农观察验证，蚂蚁搬家、拦路，一般指的是一种黄黑色的小蚂蚁，名叫弓背蚁（*Campononotus herculeanus*），这种蚂蚁对天气变化的反应比较明显。每当阴雨天气到来之前，天气闷热，这些蚂蚁就会爬出洞外活动。如果它们嘴里衔着白卵，成群地爬成一条线，来回忙碌地搬家，横拦在路上，则预兆着未来1～3天内将出现大雨或连阴雨。该县芦沟乡气象哨在1970年8月27日曾在多处发现蚂蚁搬家而且拦路，他们结合当时天气形势和其他物象反应，果断地预报将有一段连阴雨天气，果然，一天后连续阴雨29天，雨量为322.9毫米。如果蚂蚁出洞后，特别忙碌，来回爬行又很快，一字形地衔着白卵，争着由低处爬往高处，或往树上，或往墙上，或往土墩上搬家或者抢运泥土，封闭洞口，垒成堆（这就是所谓的蚂蚁垒窝），这预兆着当天下午或第二天将要下雨，并且雨量较大。往高处搬家愈高，或坐窝愈高，雨量就愈大，同时，窝哪边高，风雨将从哪边来。该县建阳乡气象哨在1972年8月7日下午发现蚂蚁垒窝，结果8日下了暴雨。1974年7月11日，该县气象站同样观察到黄黑小蚂蚁从河边近水处，呈一字长蛇阵地往岸上远处衔着白卵"搬家"（图4-22），蚁阵曲折绵延，长达40多米，结果，在12日下了特大暴雨，雨量达234.4毫米。

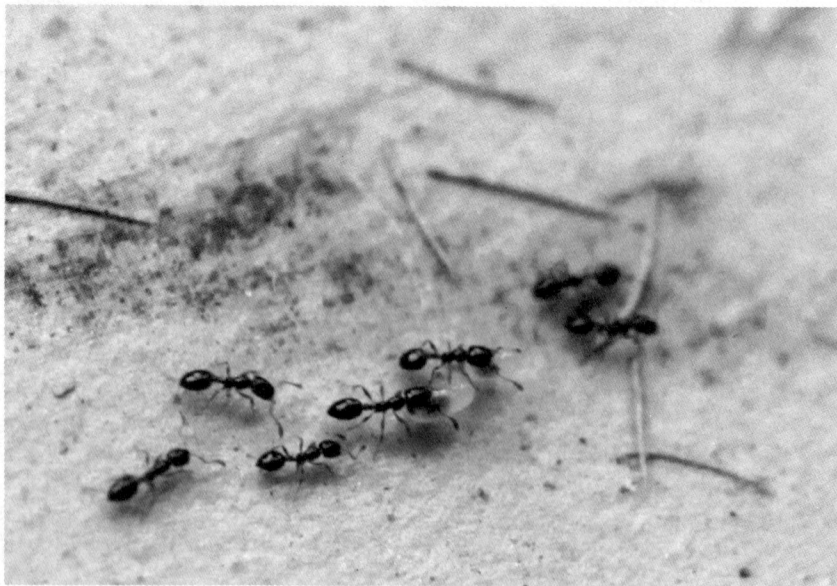

图4-22 蚂蚁"拦路""搬家"

在夏季，凡是见到蚂蚁"搬家""拦路"，往往有雷阵雨的天气出现。如果雨尚未完全转晴时，又见到蚂蚁匆忙"列队搬家"，这预兆未来有一段久雨天气，雨量也较大。

在晴天，或者雨止后，若蚂蚁只是单独或3～5只在日出后才出洞觅食游荡，日落前就早早回洞，而且洞口也不封，则一般继续是晴天，或雨止完全转为晴好。

但是，当蚂蚁的巢穴遭到破坏，或者在外侦察的工蚁发现了丰富的食物，如一条死蚯蚓或者是一块肉骨头，它们将会成群地团聚在一起，或者一字形地相互"传告"着爬动，这就不是天气的变化所致，在观察的时候必须注意区别。

如果发现蚂蚁从高处衔卵往低处"搬家"，尤其是搬向河边近水处，则预兆着本地将会出现旱情。

在夏季，还可看到黄色飞蚂蚁成群飞来扑灯，如果当时天气又特别闷热，则预示着将有雷阵雨天气出现。

3. 物候与牛虻

牛虻，一般为俗称，其学名叫广虻（*Tabanus* sp.）。体长 1.6cm 左右，头顶单眼和单眼瘤，活的时候复眼泛绿光，触角茎节和梗节短；翅透明，无斑，腹背各节中央具有宽广的白色三角形，该昆虫每到夏秋季节，一只只叮在牲畜的皮肤上，贪婪地吮血。每当暴风雨要来的时候，白天人在田野里、池塘边或河旁劳动，或者在阴湿处走动，牛虻、蚊子等就会飞来叮刺。所以农谚说："牛虻叮人，大雨欲临。"有经验的老农还常常根据这种现象，并结合其他物象反应来预测风雨。

值得注意的是，夏季人们在游泳时，牛虻也会飞来叮人，这应当与因为天气的变化而引起的牛虻叮人加以区别。

此外，农谚还有"蚊子拱被窝，鲤鱼拱麦棵"的说法，意思是说，在冬季发现蚊子飞出来叮人，则预兆来年4～5月份雨水偏多。此时，正值本地区三麦结实成熟阶段，因而有"鲤鱼拱麦棵"的说法。1975年该县不少气象哨反映，冬季发现有蚊子叮人，该县气象站参照这条经验，预报1976年4～5月份降水偏多。结果这两个月，共降水 198.8 毫米，比常年多50毫米。

4. 物候与蠓虫

蠓虫，学名蠓（*Ceratopogonidae*），是一种身体小、飞翔力极弱的昆虫。闷热潮湿的夏季不仅为它们的繁殖创造条件，而且也是它们生活最适宜的季节。在正常的天气条件下，它们栖息在杂草、芦苇、农作物的根棵上，很少飞出来活动。天气变化前，尤其是在雷阵雨和暴雨前，由于空气闷热，水汽增多，它们便成群地飞出来活动。有风时它们在避风的墙角、草垛旁飞舞，无风时在田野、道路上飞舞打转。有人走来，蠓虫则会随着人行走的气流，围着人团团飞转，毫不留情地撞在人的脸上、身上，甚至会钻到人的耳朵和鼻孔里，群众把这样的现象称为蠓虫"拉磨"（图 4-23）。

根据蠓虫的活动特点，可以预测天气变化。特别是在

图 4-23　蠓虫"拉磨"

春秋两季更为灵验,因为惊蛰节气后,新生的蠓虫对天气变化还不适应,往往容易反映出这种不适应性;而在盛夏季节,蠓虫几经锻炼,往往对正常和不正常的天气较为适应,非剧烈的天气变化,不能引起它们的反应,因而对预测暴雨有一定的指示作用。建湖县芦沟乡气象哨观察,1972年8月7日蠓虫活动特别反常、活跃,多处见到它们在"拉磨",预报本地将出现暴雨,结果8日当地出现了125.4毫米大暴雨。到了秋季,冷空气活动开始增强,蠓虫原来适应的环境和天气发生了变化,因而又容易反映出它的不适应性来,对天气变化的指示作用又较为准确。据该县各乡气象哨和老农的经验,往往在天气变化的前一天(约20个小时前)就可发现蠓虫出来"拉磨",对预报晴转阴雨有一定的参考意义。

又据芦沟乡气象哨进一步观察发现,蠓虫如果上下飞舞"拉磨",则主雨;如果是左右飞舞"拉磨",则主风。在雷雨前,如果它们不仅上下翻飞,而且也左右打转,则未来将会出现大风大雨。

5. 物候与蜻蜓

蜻蜓(图4-24)从外表来看色泽多样:有红色的、黄色的、黑色的、草绿色的和花色的。它们有较高的飞行能力,常常凭自己的双翅飞到异乡别土去旅行。夏秋季节,每当降雨之前,或在雨后初晴,五颜六色的蜻蜓,或凭空飞舞(人们称之为"蜻蜓赶集"),或尾部击水(人们称之为"蜻蜓点水"),或穿梭于树丛、芦苇,或像直升机一样停在空中徘徊,它们不但给大自然带来了生机勃勃的景象,而且为我们预报未来天气提供了情报。

图4-24 蜻蜓低飞

俗话说"蜻蜓飞得低,出门带蓑衣",即是说,蜻蜓成群低空飞舞,预兆未来将有阴雨。这是因为蜻蜓主要是以觅小昆虫为食物,在阴雨之前,空气湿度大,小的昆虫翅膀易湿,无力高飞,是蜻蜓捕捉的好机会。同时,蜻蜓本身翅膀也被空气中的水分沾湿只能低飞。建湖县广大农村气象哨组经过长期观察发现,在不同的季节里,蜻蜓的不同活动,预示着不同的天气变化,总结了一些蜻蜓与天气变化的关系:

黑蜻蜓:体表呈墨黑色,躯干细而长,头部小,翅膀较宽较长。在正常天气,多栖息于靠水的树丛、芦苇丛中,很少出来活动。但阴雨天气之前,它们便大量出现在屋檐边、柴头上、树梢上，时飞时落，或在空中忽上忽下，捕捉食物；有的也在晒谷场、大路边，或离地面 145～160 厘米高的空中飞舞。一般若莳梅天或立秋节气出现这种情况，则未来 2～3 天后将会出现 3 天以上的连阴雨天气，群众说："黑蜻蜓飞成群，阴雨天气将来临。"经该县多个农村气象哨 5～6 年来的验证，运用黑蜻蜓这种动态报连阴雨天气，准确率达 90% 以上。

红蜻蜓：全身呈紫红色，躯干较短，头尾较丰满匀称，翅膀略窄稍短。在小暑节气里若发现较多红蜻蜓在圩堤边、场头上、玉米棵上成群飞舞，则预示未来将进入伏旱高温天气，俗话说："红蜻蜓飞舞，热在大暑。"该县冈东乡气象哨在 1968—1975 年中有 4 年在小暑节气里观察到"红蜻蜓飞舞"，及时作了预报，结果在对应的大暑节气里都出现了一段连续 4～14 天的高温少雨天气，人们称这种天气为"伏旱"。

黄蜻蜓：全身呈酱黄色，体型大，跟红蜻蜓差不多，只是背上有 2～3 条很细的黑纹。立秋节气里，若发现成群的黄蜻蜓在成熟的早秋作物上低空盘旋，或在河浜、塘面上"点水"，则未来将会出现连续阴雨。建湖县冈东乡气象哨于 1969 年 9 月 17 日到 9 月 20 日观察到大量黄蜻蜓活动，并根据其他物象反应，及时发出了未来将有一段连阴雨天气的预报，乡党委根据预报的意见，迅速通知各生产队抢收棉花，使全乡棉花免遭损失，为夺取丰收做出了贡献。

6. 物候与蜜蜂

蜜蜂（*Apis inellifera*）（图 4 - 25）是一种群居的昆虫，以采蜜勤劳著称。人们吃到的蜂蜜就是它们辛勤劳动的产品。蜜蜂采蜜也能预兆天气的变化。早晨蜜蜂出去得早，傍晚归窝归得迟，预兆当天和来日是晴好天气；如果蜜蜂早晨不出窝，少出或迟迟不出窝，或者出去后，早早归窝，此种现象预兆当日或次日天气转阴下雨。原来，植物的花蕊能分泌出一种甜汁，且能发出诱惑昆虫的气味。蜜蜂出窝后，以太阳的位置来确定飞行方向，然后，凭着头上灵敏的嗅觉器官——触角，嗅到香味并直扑花朵。天气晴朗，植物花蕊分泌的甜汁较多，散发出的香味也比较浓郁，蜜蜂容易嗅到，于就便早早出去"工作"了。

图 4 - 25　蜜蜂采蜜

群众中还有"蜜蜂带雨采蜜天将晴"的说法，即在连阴雨后，蜜蜂纷纷在细雨中采蜜，这预兆着连阴雨将结束，天气要转晴。天气将要转阴下雨时，往往由于空气的湿度增大，水汽增多，植物花蕊的香味不易散发，分泌的甜汁也大大减少，这时，蜜蜂就不大容易嗅到，所以它早晨迟迟不出窝，出窝后，蜜蜂的翅膀上也易沾了水分，变软变重，飞行较困难，于是它下午也早早就归窝了。

7. 物候与蝉鸣

蝉，俗名叫"知了"，常见的有蚱蝉（*Cryptotympana atrata*）、寒蝉（*Meimuna mongolica*）。初夏，人们常常会听到"知了"叫声，叫声有时高，有时低；有时不断鸣叫，有时一声不响。仔细观察可发现，蝉鸣与天气的变化也有一定的关系。在苏北里下河地区，群众利用蝉鸣来预测天气的经验很多，如"蝉鸣雨去，雨在蝉不鸣""莳未到蝉儿叫，晒得犁头翘""三莳尽，知了鸣，西南风，望天晴"等。兴化地区还利用蝉叫预报梅雨结束期和河水水位的高低：梅雨季节，蝉鸣始期后 2～3 天内，梅雨将告一段落，河水水位不会再大幅度上涨，趋于平稳，预报准确率也很高。该县广大农村气象员通过近八年来的观察，发现蝉鸣和天气变化的关系是：

"知了鸣，天放晴"，在夏季雷雨一过，知了就发出叫声，预示未来是晴天。

"蝉儿叫，天晴好"，在炎热的夏季傍晚，天空已出现星星，这时蝉还不"休息"，仍然在不停地发出鸣叫，则预示第二天天气晴好，将比当天更热。

"蝉儿叫叫停停，连阴雨将来临"，在小暑节气里，天气逐渐炎热。这时，如果知了叫叫停停，就是说：有时到处听到蝉的"知了、知了"的叫声，有时 1～2 天一点儿也听不到叫声，遇此情况，群众即称蝉儿叫叫停停，预示未来将出现 3～4 天连阴雨天气。

晴朗炎热的夏天，蝉在树上发出叫声，并看到它不断地向上爬或向后退，边爬边叫，则预兆未来将有雷阵雨天气。

观察蝉的鸣叫结束期早迟，还能预报后期转凉的快慢。一般在立秋到处暑节气这段时期内，随着天气转凉，蝉鸣将结束。如果蝉的叫声结束特别早（即在立秋节气前的某一天），则预示当年秋季转凉快、初霜来得早，这就是人们所说的："蝉儿早早结束叫，秋季转凉来得早。"建湖县冈东乡气象哨使用这条经验，1967、1970、1974、1980、1985、1990、2006、2009 年都观察到蝉鸣结束得早，预报秋季转凉早、初霜来得早，这 8 年实况都与预报相符。

8. 物候与蜘蛛

蜘蛛（图 4-26），俗称"喜事"，以食昆虫为主。白天隐藏在墙缝洞穴里，一到黄昏和夜间，就在开阔的地方吐丝张网，已张好网的蜘蛛，则爬到网的中心静候自投罗网的"食物"。小昆虫在空中飞来飞去，看不见网，一碰上去，就被蛛丝粘住。昆虫触网，蜘蛛就来捕食。

晴天，气压高，湿度小，或者在久雨将晴之时，气压上升，湿度减小，此时，昆虫往往高飞，纷纷出来活动，蜘蛛也就出来吐丝张网捕食，所以农谚说"蜘蛛张网兆天晴""蜘蛛结网是雨必晴"。当天气转阴时，气压下降，湿度增大，蛛丝上沾了水分，粘不住物体，同时也不容易飘起，就不可能在两棵树间或树和屋间架起"天索"，张不起网来，吐的丝只有下挂。此时，昆虫也只能低飞，即使原来张好网的蜘蛛也无法捕到昆虫。在这种

图 4-26 守株待兔的蜘蛛

情况下，蜘蛛爬出来后，一般只在避风狭窄的地方吐丝，并不张网，吐出的丝只在空中飘荡，好像"收"了网一样。所以，农谚又说"蜘蛛收网天将雨""蜘蛛吐丝下挂天阴雨打墙"，这些农谚可作为我们预报天气时的参考。

9. 物候与鲫鱼

鲫鱼（*Carassius auratus*）（图 4-27），也叫鲋，苏北地区也称"刀子鱼""河鱼""潮鱼"等，体侧扁，背面青褐色，腹部银灰色。苏北地区四季均可捕到，味道鲜美。

图 4-27 鲫鱼

鲫鱼每年春夏季产子，4～5月份是产子的盛期。人们从捕捞、食用中，积累多年的经验，观察到鲫鱼产子的时间、地点、数量多少与天气变化有一定的关系，就常常利用这种关系来预报天气。一般的规律是：鲫鱼腹内子多，饱鼓鼓的，预兆要下大雨，因为鲫鱼往往都是在下大雨时产子，所以人们说："鲫鱼产子就要下雨发水。"但是，究竟雨什么时候下，雨量又有多少呢？从鱼子的颜色和在深水处还是在浅水滩产子可以判断。把腹内蓄有大量子的鲫鱼放在锅内煮熟后，鱼子是淡黄色的，就说明鱼子还没有成熟，发水的时间还没到；若是黄白色，就说明鱼子已经成熟了，意味着下雨发水期也快到了。下了一场大雨，鲫鱼产子了，如鲫鱼大都是在深水产子，就预兆今后雨水少；如到浅水滩产子，就预兆还将继续有雨，而且雨量还比较大。

此外，还可通过观察鲫鱼肋骨的长短来预报逐月降水多少，即从鱼头向后，连续数12根肋骨，分别代表农历正月到十二月各个月，观察其第几根最长，则预示对应月内降雨就偏多，这一对应关系，在长期预报中也是一个重要的参考。

10. 物候与青蛙

青蛙（*Rana nigromaculata*），学名黑斑蛙（图4-28），又叫田鸡，属两栖类动物。严冬一过，春回大地，冬眠的青蛙就从土洞里爬出来，晒晒温暖的太阳，开始新的生活。每到傍晚，田野里，蛙声四起，和谐动听，人们风趣地称此为"田鸡音乐会"，这是青蛙的本能，为了繁殖后代争鸣求偶。但有时，你想去听听这野外的音乐会，却是一片寂静，无声无息。为什么青蛙叫声时吵时停呢？自古以来，我国广大劳动人民在长期的生产实践中，经过观察研究，认识到青蛙的叫声与天气变化有一定的关系，并总结出了一些经验，用来预测天气。唐诗云："田家无五行，水旱卜蛙声。"元朝末年《田家五行》一书也记载着："三月初三听蛙声卜水旱，谚云上昼叫，上乡中下兹少下乡熟终日叫，上下齐熟。"意

图4-28 青蛙

思是说，农历三月初三，听青蛙叫声预报当年水旱。上午叫，高田能得丰收（指雨水偏多）；下午叫，低田能获丰收（指雨水偏少）；上、下午整天叫，则当年风调雨顺，高、低田均能得丰收。并指出："田鸡叫得哑，低田好稻把；田鸡叫得响，田内好牵桨。"就是说田鸡叫声叫得哑，低田收成好；田鸡叫声叫得响，未来雨水偏多。当然，这些经验有的还有局限性，不完善，特别是以三月初三这天为关键日来听蛙声预报年景，缺乏科学性，不严谨。但是这种运用蛙声预测天气的方法，直至今天，在广大人民群众中仍在广泛沿用，并对什么样的青蛙，发出什么样的叫声，对应未来什么样的天气等有了进一步认识。近8年来，盐城市建湖县广大农村气象哨组的人员，通过反复观察实践，初步总结了青蛙与天气变化的一些关系。

（1）春季

在春播育秧的时候，一种背上为草绿色的青蛙，经常活动于河内，习惯蹲在水草、浮萍上，如其傍晚叫声不息，到夜里叫声突然停止，则第二天清晨将会出现暗霜。另有一种背面颜色为黑白条纹相间的大花青蛙，在太阳落山前2～3小时，发出吃力的叫声，两面鼓膜较慢地一张一合，声音由高到低，由响亮到低哑，太阳一落山，停止叫声，同样预示第二天早上会出现晚霜冻。俗话说"青蛙不叫，晚霜要到"就是这个意思。这是由于晚霜出现前，必是冷空气南下，地面温度显著下降，青蛙是喜暖的小动物，受不住寒冷的威胁，很快潜入水中，停止叫声，这便是晚霜冻出现的先兆。此外，背面颜色为草绿色的青蛙叫声，不仅可以作为预报晚霜冻的指标，而且可以作为预报低温连阴雨的指标。当听到它从喉腔里发出声音，叫声前，先用前爪向嘴上刻一下，俗称"蛙漱口"，后来发出"咕咕、咯咯，咕咕、咯咯"的吃力叫声，预示未来将有连阴雨天气出现。

（2）春末夏初

当绿色的大花青蛙，后肢蹲在地上，前肢支撑着地面，发出如同机关枪射击一般的声音"特特特，特特特"，连续三响，叫声数次，出现这种情况，则未来6～8小时将有大风出现，好似在告诉人们，早春的蔬菜大棚要加固。值得一提的是，蛙类鸣叫的地方，常常有小白鹭、夜鹭等鸟类的集群现象发生。

（3）夏季

还是那种黑白条纹相间的大花青蛙，在大暴雨之前3～4天，它们就在河坎上筑窝，其窝筑在很陡的陡坡上，窝四周无杂草，也没有泥块凸起，窝巢旁边的壁也十分光滑。窝做成后，它蹲在窝内，发出叫声，降水量一般可使河水上涨至其窝边。"青蛙叫，大雨到"的农谚，就是指这种大花青蛙。

在连续阴雨的梅雨季节，如发现一种背为灰黑色的小青蛙，突然跳到河岸上、田埂上，发出"呱哇！呱哇"的清脆的叫声，叫时两面鼓膜一张一合，很有节奏，这是预示连阴雨将结束，天气也将转为晴好。

在农历六月份，一种全身呈黄色的小青蛙，只有手表大，称为黄昂，如果雨止转晴时，它发出"昂——昂"或"咕呀，咕呀"的叫声，则预示未来还要下雨；若下小雨时，则听不到它叫声；雨一停止，它就叫起来，则未来1～2天将会有大雨出现。蛙类鸣叫，会招引四方的鹭科鸟类，这给机场鸟击防范工作带来麻烦，应做好把控机场鸟类的防范与治理工作。

（4）秋季

秋收季节，正是人们忙于秋收，准备秋种之时，如发现背面呈灰黑色并有黑色图斑的小青蛙（又称土青蛙）在稻田垡头空子里，发出一种非常吃力的叫声，鼓膜一张一合较快，叫时它的前肢向嘴上一抓，后肢使劲地向土中一蹬，表现出一种"气愤"的样子，好像要找个地方藏身，那么未来将连续干旱，俗话说"八月（农历）青蛙叫，干得犁头翘"就是指这一情况。因为青蛙是用肺和皮肤呼吸的，当温度高、空气比较干燥时，它皮肤上的黏液很容易被蒸发掉，因此就要找一个阴凉的藏身地方，当它钻到垡头空子里时，就发出"咽、咽、咽"的叫声。

在秋种耕地时，如发现被耕翻起来的青蛙多，则表示青蛙入土过冬离地面浅，预兆未来冬季雨水多，若耕地见不到青蛙，或见得很少，则表示青蛙入土越冬钻得深，预兆冬季雨水偏少。1969—1974 年这 4 年中，建湖县岗东气象哨运用这条经验预报冬季雨水多少，每年基本正确。此外，深秋季节，青蛙连续的鸣叫还预示着这里的鹭类很快就要迁徙走了。

几十年来，该县广大气象哨组运用蛙声补充订正气象预报，预测鸟击征候的发生，短期内预报准确率达到 85% 左右。

11. 物候与癞蛤蟆

癞蛤蟆又叫蟾蜍（toad）（图 4-29），其外形很难看，皮肤颜色灰黑，而且还有许多疙瘩，似乎惹人讨厌，其实不然，它既是一个杀虫"健将"，一天内就能捉 20~30 条害虫，又是一个活的"晴雨计"，可以预示天气的变化。

图 4-29　癞蛤蟆产子

仔细观察癞蛤蟆的生活习性和活动规律后，就可以发现癞蛤蟆白天出洞同晚上出洞，未来天气变化是不一样的。在天气晴朗，阳光灿烂的白天，它总是躲在阴沟里、石窟中、烂泥洞穴或墙角里不肯出来，直到晚上才爬出来寻找食物；一旦天气阴沉，快要下雨之时，白天它也会爬出来寻食。这就是人们所说的"癞蛤蟆白天出扑下雨靠得稳"，其原因又在什么地方呢？

原来癞蛤蟆是一种两栖动物，肺的呼吸功效不大，单靠肺呼吸，不能吸进足够的氧气供身体需要，还要靠皮肤帮助呼吸。要用皮肤呼吸，皮肤就必须保持湿润，才能使空气中的氧气首先溶解在皮肤的黏液中，再由皮肤进入血液。如果皮肤干燥，皮肤的呼吸作用就不能进行，因此，癞蛤蟆怕阳光和干燥空气，喜欢阴凉潮湿的环境。大雨来临前（一般在雨前一天左右），空气较潮湿，正适宜其皮肤呼吸，因此，它就爬出洞外到处活动起来。"癞蛤蟆白天出洞，雨儿下得稳"的道理就在这里。

根据癞蛤蟆的叫声来预报天气，也很有效。在春末夏初，一种有黄斑的癞蛤蟆发出急促的"铭咽咽、咽咽万"的叫声，则预示不久就有雨。在夏季阴雨的情况下，如果听到癞蛤蟆发出"鼓、鼓、鼓"的叫声，声音清脆，则表示天气不久将转好。如果在连阴雨天气之后，癞蛤蟆不断地叫，则未来将有一次大雨来临。因此，"雨后蟾蜍叫，不久大雨到"的说法，也颇为应验。

元朝末年的天气谚语集《田家五行》中对癞蛤蟆预报天气有这样的记载："社蛤，虾蟆之属。叫得响亮成通，主晴。谚云：'癞蛤叫三通，不用问家公。'言报晚晴有准也。"其大意是用：社蛤（癞蛤蟆的一种）的叫声预报晚上晴天是很准的。社蛤声音叫得响亮，叫三遍，晚上肯定是晴天，不用问老公公也能知道。该书又记有："黄梅三莳内，蛤蟆尿曲有雨，大曲大雨，小曲小雨。""黄梅三莳内"是指夏至后半个月内（头莳 3 日，中莳 5 日，末莳 7 日），即在长江中下游的梅雨季节里，由于蛤蟆有这样一个特点，跳跃一次，撒尿一次，蛤蟆尿迹弯弯曲曲预兆有雨，尿迹曲大雨大，尿迹曲小雨小。劳动人民总结了这方面的经验，至今仍有实用的价值。

在苏北里下河地区，人们还根据癞蛤蟆开始产卵日期的早迟来预报春季温度回升快慢，收到较好的效果。人们坚持观察记载，找出了癞蛤蟆产卵时间的早迟与春季回暖的预报指标，其观察结果见表 4-4 所列。

表 4-4　癞蛤蟆产卵记录表

年份	癞蛤蟆产卵时间	与产卵平均日期相比	温度距平	
			预报	实况
1967	2 月 26～28 日	早	偏高	偏高
1968	2 月 23～24 日	早	偏高	偏高
1969	3 月 12～14 日	迟	偏低	偏低
1970	3 月 15～17 日	迟	偏低	偏低
1971	3 月 19～20 日	迟	偏低	偏低
1972	3 月 14～16 日	迟	偏低	偏低
1973	3 月 3～4 日	早	偏高	偏高
1974	2 月 23～27 日	早	偏低	偏高
1975	2 月 23～27 日	早	偏高	偏高
1976	2 月 24～26 日	早	偏低	偏低
平均	3 月 8～9 日	—	—	—

从表4-4可以看出，凡癞蛤蟆产卵的日期比常年平均日期早，则春季回暖也早；反之，回暖就迟。另外，从产卵到孵化出蝌蚪，在回暖稳定的情况下一般为4～5天，假若6～7天后才孵化出蝌蚪，则预示着当时回暖不稳定，同样可预示该年春季冷暖变化幅度大。1976年癞蛤蟆产卵时间虽早，但是发现卵孵化的时间长，预报订正为回暖推迟，结果与预报十分相符。

12. 物候与蛇

"蛇路过，要下雨。""蛇过道，大雨到。"这是在劳动人民中广泛流传的两条测天谚语，这里指的蛇，多为"水蛇"。惊蛰节气以后，气温渐渐回升，埋藏在土中的蛇将结束冬眠，钻出来，又开始新的生活。从这个时候开始，观察蛇的活动以预测未来天气，准确率较高。

运用这条经验，首先要分辨在苏北里下河地区什么蛇对天气变化反应灵敏，根据实践，对天气变化反应较灵敏的是水蛇，青草蛇和其他种类蛇的反应较迟钝。在观察水蛇中，也必须注意把它出洞觅食和因天气变化而出洞加以区别。一般来说，天气变化前，气压降低，空气湿度增大，水蛇在洞里不舒服，便从洞中出来，它们喜欢横在路上晒鳞，游动时总是拖着身子，萎缩无神地朝一个方向游去，就是碰到外界干扰，比如人在它旁边走动、跺脚、拍手，它仍然拖着身子，朝一个方向慢慢游去，或仍然盘在路上不动，蛇的这种动态，可作为预报天气的个依据，"蛇过道，大雨到"也是指的这种情况。该县冈东乡合心大队气象组，近几年来，共观察45次蛇以这种状态拦路，预报未来天气效果较好。出洞觅食的水蛇又是什么状态呢？出洞觅食的水蛇，头总是抬得很高，四处张望，在田埂上下、河岸沟边，游来游去，寻找食源，当外界稍有动静，便慌张逃走。这种蛇过道，未来不会下雨。观察蛇，不仅能报短期天气变化，在长期预报中，观察蛇出洞的多少（走到田野里，见到蛇的数量较多则为多；反之，很难见到或见到的数量很少则为少）来预报汛期（6～9月降水量多少），效果也比较好。几年来，冈东乡合心大队气象组通过观察，摸索出它们之间的对应关系是：蛇出洞，汛期降水量偏多。具体观察结果见表4-5所列。

表4-5　蛇出洞与降雨记录表

年份	蛇出洞多少	预报汛期降水趋势	实况（毫米）	评定
1969	多	偏多	788.9	准
1970	多	偏多	851.9	准
1971	少	偏少	727.0	不准
1972	多	偏多	821.4	准
1973	少	偏少	505.2	准
1974	多	偏多	758.6	准
1975	少	偏少	666.9	准

他们运用这种关系，预报汛期总的降水量多少，在预测预报的7年中，有6年是准确的。

劳动人民中还有"水蛇盘条头，地下大雨流"的说法，即在夏至到白露节气期间，如发现水蛇盘在芦苇高处或者树上，则预兆未来将有大雨，而且河水往往要涨到蛇所盘的位置。《田家五行》一书中就有"水蛇蟠在芦青高处，主水。高若于，涨若于"的记载。

根据观察了解，本地区的泥鳅（*Misgurnus anguillicaudatus*）（图4-30）主要有两种，一种身体细长呈灰黑色，通称为泥鳅（沙鳅），多栖于水田、水沟中，另一种身体粗短呈黄色，通称黄板鳅，多栖于池塘中。一般情况下，小泥鳅要比大泥鳅对天气变化反应更为灵敏。建湖县广大农村气象哨组人员经过长期观察分析，认为可能是在天气变化之前，气压下降，气温增高，这时溶解在水中的氧气减少了，泥鳅在水中用鳃呼吸就满足不了需要，因而需要浮到水面上来呼吸，有时还迫不及待地跳出水而，所以，泥鳅起跳、吹泡是风雨的先兆。

图4-30 泥鳅吹泡、起跳

夏秋季节，泥鳅翻滚，出现长时间游动，显得暴躁不安，有些甚至跳出水面15～30厘米高，则预示不久天要下雨，并有偏北大风。若泥鳅身体在水中竖起、上下垂直，游动剧烈，将头迅速伸出水而吸气，预示将有大风来到。如果这个情况发生在秋季，则多将出现连阴雨天气。此外，还有"泥鳅静，天气晴"的经验。

春播育秧期间，傍晚在秧田里，如发现泥鳅出来活动，这将是产生霜和霜冻的征兆。

该县闽东中学气象哨师生，利用泥鳅预报天气，有一定效果。比如1974年6月9日中午，他们观察到泥鳅起跳，预报将有大风雨，果然当天日落前刮起八级偏北大风，并下了大雨。

13. 物候与黄鳝

黄鳝（*Monopterus albus*）（图4-31），在江苏的苏北里下河地区称长鱼。沟、河、池塘和水田中都有，它们一般喜欢在夜晚出来寻食。随着天气的变化，黄鳝也有一定的反应，人们就根据黄鳝的这些反应，来预测天气。

晴天，如黄鳝在水中游动，尾部不停地摆动，在水中钻来钻去，预示天将转阴雨；如活动特别显著，时而翻腾，十分不安，时而冒出水面抬头吸气，预兆将有暴风雨来临。

盛夏时，蒲草塘内黄鳝头露出水面，嘴一鼓一鼓的，从鳃和嘴中喷出一个个的小气泡，预兆将有阴雨。

夏秋之间，芦苇塘里的黄鳝，一会儿浮出水面，一会儿沉下去，嘴吹泡，预兆一两天

图 4 - 31　黄鳝

内将有阴雨。

　　有时，还可以看到黄鳝身体垂直于水面不动，头部露出水面吸气，群众叫"长鱼打桩"，预示 3 天内将有雨。

　　14. 物候与螺蛳

　　螺蛳（*Margarya melanioides*）（图 4 - 32），俗称田螺，生活于沟河、池塘中，春秋之季，人们罱泥积肥时，夹带了一些螺蛳上岸，常常会看到一层层密密麻麻的螺蛳在河泥上爬行。正常天气条件下，螺蛳夜晚爬行的速度比白天缓慢，但有时在黄昏的时候，也会发现螺蛳全部倒着头埋在河泥中，一动也不动，出现这个现象，是冷空气将来临的征兆，第二天早晨将有霜和霜冻。

图 4 - 32　田螺

在芒种到夏至，池塘边或沟边，有时还出现螺蛳由水里爬向水边，水边集聚很多的螺蛳，出现这种情况，则预示梅雨就要开始了。根据建湖县建阳乡气象哨几年来对螺蛳活动的观察，用其作入梅日期预报效果很好，其记载见表4-6所列。

表4-6 螺蛳积聚与入梅对照表

年份	出现螺蛳积聚时间	入梅时间
1969	7月3~6日	7月7日
1971	6月2~4日	6月8日
1972	6月20~24日	6月25日
1973	7月5~6日	7月7日
1975	6月18~20日	6月21日

因此，看螺蛳是否大量聚集水边，可以作为预报入梅日期的一个参考。

15. 物候与虾

虾（Shrimp）（图4-33）种类很多，在苏北水乡，常见的是米虾，亦称"草虾"，还有沼虾，也叫"河虾"或"青虾"，都栖息于沟河、水塘、沼泽内的水草间，味美可食。虾的活动，也可以作为预报天气的参考。

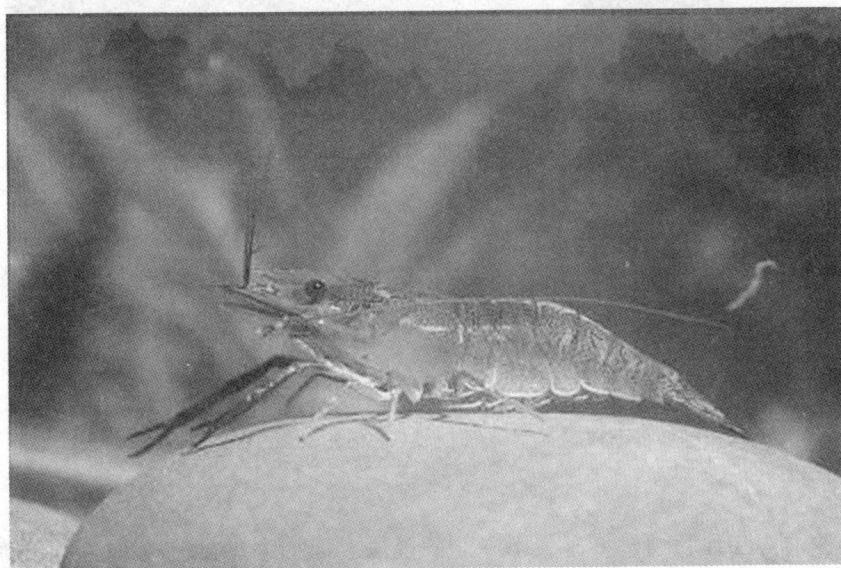

图4-33 虾

虾多，冬天旱。有经验的老渔民，在8~9月，如发现虾子特别多，往往会说："今年冬天少雨偏旱，虾子多，冬天旱。"盐城市建湖县荡中镇（现为建阳镇）荡中淡水渔业乡气象哨，多年来学习运用这条经验，试作冬季天气预报，效果较好。1969、1973、1975、1980、1984、1986、1991、1993、1996、2001、2003、2006、2008、2009、2011、2015、2016年的八九月份渔民普遍反映河虾较多，他们预报冬季偏旱，其结果与预报相符。

"米虾成群，梅雨来临"，在6月上中旬，观察河塘米虾多少，报梅雨来临也较灵验。

每年这时期，当米虾成群在水上面游动，就是人们捕捉的大好时机，一旦发现这个情况，预兆梅雨就要在本地开始了。1975年6月16～19日，本地群众发现在河塘里米虾成群，结果6月11日本地梅雨即开始了。"米虾水面跃，明天大风到"，在春季3～4月，每当看到虾子不时跳出水面，则预示第二天要刮偏北大风（风力一般要达6级以上）。这是因为，在春季刮偏北大风，往往都是在冷空气到来之前，这时气压往往下降，水中氧气因气压低而渐渐逸出水面，水中氧气减少，虾跃出水面是本身吸氧的需要，所以人们利用虾子跳出水面的现象，预报第二天将会出现大风，效果较好。

16. 物候与狗、猫

根据人们多年来的观察验证，狗洗澡、狗刨塘、狗肚翻肠以及狗、猫嚼青草等现象都能表示天将阴雨。

"狗洗澡，雨要到"，就是发现狗到水边洗澡，预兆天将有雨。这是什么道理呢？因为狗身上没有汗腺，不能靠毛孔散热，只能靠嘴巴、舌头散热。夏秋季节，每当狗要在河边洗澡，午后就会下雨。"狗刨塘，要下雨"，根据建湖县气象哨组的实践发现，狗刨塘时萎靡不振，两爪连续不断地刨塘，且塘口比较大，这是天气有阴雨的征兆。如果狗刨塘时，摇头摆尾，开始两只前爪刨，后来一只爪往下刨，刨的塘是口小而深，这是狗捉蝼蛄虫（又叫推屎虫），或找什么东西吃（图4-34）。

图4-34 狗与天气

还有一种"狗肚翻肠响，将有大雨降"的说法，即如果见到狗吃食少，萎靡不振地睡在地上，并且听到肚内有"咕噜咕噜"的响声，就预示着天将下雨。狗和猫嚼青草，这也是天气将转阴雨的预兆。猫到河边喝水的次数比往常增多，也预示阴雨天气将临。

据人们的观察，在寒天如发现猫钻灶膛，则预示未来继续寒冷。猫一般到春天褪换寒毛，若从"惊蛰"到"春分"节气期间褪寒毛，预示春季回暖早，如从"春分"后才褪寒毛，则预示春季回暖迟，这对掌握适时春播，可做参考。

在秋末、初冬季节，天气渐冷，狗为了适应寒冷季节也要换一层新毛，观察狗换毛的时间早迟，也可用来预报天气转冷的早迟。

17. 物候与老鼠

老鼠（图4-35）的种类很多，在江苏里下河地区常见的有家鼠、田鼠和尖嘴黑老鼠，它们一般在夜间出来寻找食物，活动猖獗。经观察发现随着天气变化，老鼠活动的规律也有所不同。因此，老鼠的一些活动也可以用来做预测天气的参考。

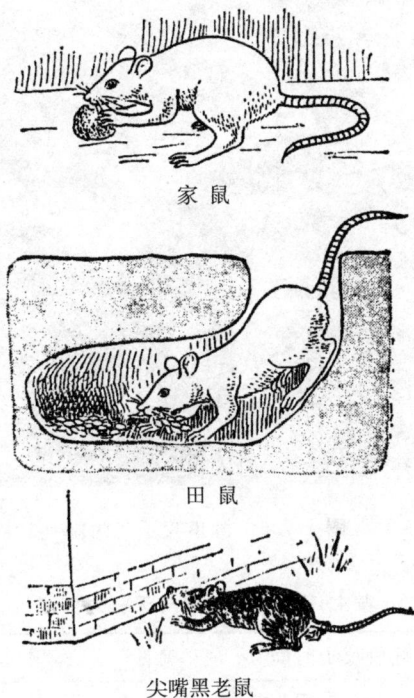

家鼠

田鼠

尖嘴黑老鼠

图4-35 老鼠与天气

"家鼠活动早，阴雨将来到"，家鼠就是指人们家庭中常见的一种灰黑色老鼠。它一般都是在夜间人们熟睡时出来活动。但在阴雨天前，老鼠往往前一晚就出洞活动了，不断啃东西而且响声很大，有时听起来好像在磨牙，这是预兆未来将有阴雨。

"田鼠鼬蕴含多，兆阴雨"，如果发现田鼠洞内藏食，预兆天将阴雨，若藏食很多，将有连续阴雨。建湖县冈东乡气象哨于1971年从农历五月十四日发现麦囤中田鼠往洞内藏麦穗，连续四天观察到鼠洞内藏食越来越多，结果连阴雨达23天。

"老鼠朝家逃，大雨将来到"，有一种尖嘴黑老鼠，其身上散发出恶心的臭味。在夏秋季都是在野外觅食，可是在雨前哪怕是白天，它也会拼命地偷偷往人们家里溜，同时，身上发出一种比平常更难闻的恶臭气味，这是天将下雨的征兆，而且雨量较大。

18. 物候与鲤鱼

鲤鱼（Cyprinus），俗称"衣鱼"，它是人们所熟悉的淡水鱼类，体型侧扁，体色青黄色，杂食性。

"鲤鱼咬子兆阴雨"（图4-36），意思是说，每年四五月间，如果发现鲤鱼三五成群在水中穿来穿去，相互追逐，上下翻腾，嬉戏取闹，有时甚至把河水搅得哗哗作响，这是鲤鱼产卵前特有的发情活动，人们称为：鲤鱼咬子，又叫鲤鱼起性。出现这种情况，预兆天

将阴雨。根据本地群众观察验证，鲤鱼咬子后，一般3～5天内将有一次较长的阴雨过程，且雨量较大。建湖县冈东乡气象哨的观察记载见表4-7所列。

图4-36　鲤鱼咬子兆阴雨

表4-7　鲤鱼咬子与天气对应表

年份	鲤鱼咬子时间	对应的阴雨时段
1968	4月30～5月1日	5月4～10日
1969	4月29～5月2日	5月3～5日
1970	4月11日跳出水面	不　应
1971	无　记　载	
1972	5月4～5日	5月6～9日
1973	4月10～12日	4月13～16日
1974	5月8～10日	5月14～17日
1975	4月14日	4月16～20日
1976	4月24～26日	4月27～29日

从以上资料分析，运用鲤鱼咬子报阴雨，还是比较准确的。

19. 物候与鲹鱼

鲹鱼，学名鲹（*Carangidae*），它是生活在淡水中的中上层鱼类，体扁长，头较小，尾稍长，背银灰色，杂食性。在晴朗的天气里，一条条鲹鱼在水中自由自在游来游去，这时若是撒下一把食饵，或者有人去河边淘米、洗菜，鲹鱼就围拢过来，竞相争食，异常活泼，如再扔下一个东西，鲹鱼受到惊吓，有的跃出水面，有的则在水中尾翼一摆，远游而去。

在天气将转阴或刮风、下雨的前夕，鲹鱼既没有争食，也没有受到惊吓，但显得非常不安，往往聚集成群，贴近水面跳来跳去，鱼嘴不时伸出水面，像是在吸气，后又没入水中，吐出一个个气泡，有时甚至接二连三地跳出水面。出现这种情况，预兆未来将有大风和阴雨天气。谚语"鲹鱼出水跳　要有风雨到"（图4-37）说的就是这个意思。

原来，正常天气下，水中溶有一定量的氧气，足够鱼类呼吸、生活。当天气将转阴雨时，气压下降，溶解于水中的氧气大大减少，由于水中氧气不足，鲹鱼就跳出水面或漂浮到水面上来呼吸，所以，鲹鱼跳水和冒泡，是将有风雨的征兆。

尤其在夏季，中午烈日炎炎，天气相当闷热，如发现鲹鱼不时跳水，则预兆下午有雷阵雨或大暴雨。

图4-37　鲹鱼出水跳

20. 物候与蚂蟥

蚂蟥（图4-38）学名水蛭（*Whitmania pigra*），是在水中生活的一种环形动物，借着身体的伸缩力而活动，它们没有特殊的呼吸器官，专靠含有许多微血管的皮肤呼吸。蚂

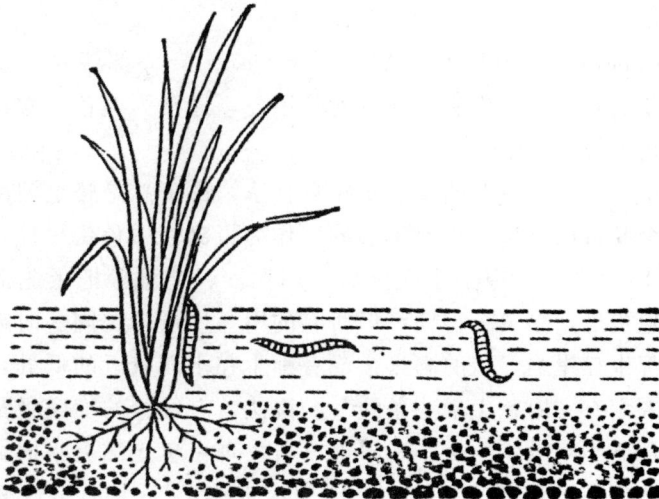

图4-38　蚂蟥上下翻

蟥喜欢生活在淤泥里，身体前后各有一个吸盘吸收淤泥中的有机质，而且生活力很强，几个月不吸收"食物"也可以活下去，但是它片刻也少不了溶解于水中的氧气。在正常的天气条件下，蚂蟥呈条状或球状潜伏在水底不动。阴雨天气来临之前，大气压降低，气温升高，溶解于水中的氧气减少，蚂蟥呼吸困难，就浮于水面吸气，如果天气变化剧烈，水中溶解的氧气量减少得也特别多，就使得蚂蟥更游动不安，上下来回翻滚，这就预兆着大雨即将来临。有时，还可以看到蚂蟥爬出水面，吸在稻梗上或河塘中的芦苇和水草上不动，这往往预兆未来有大风。因此，蚂蟥的活动，可作为预报未来天气的参考。

建湖县冈东乡气象哨于1971年7月21日早上8时，看到蚂蟥上下翻，下午4点多就下起了滂沱大雨。庆丰乡气象哨在1972年和1973年两年的春夏秋季节中，共有5次在早上发现蚂蟥爬出水面吸在稻梗或芦苇上，到下午两三点时刮起5级以上大风，阵风8级左右。

21. 物候与乌龟

龟，一般指的是乌龟（*Geoclemys reevesii*），它是由两栖动物发展而来的爬行动物，用肺呼吸。性惰迟钝，能忍受饥饿和寒暖，在动物界以长寿著称。全身扁而阔，披有坚硬如石的厚甲壳，背甲呈暗褐色或略带黄色，腹甲较淡，因种类的不同，色泽上也有所差异。

龟背就是指龟的甲壳，是龟的外骨骼，它除能起支持身体运动，保护内部五脏和避免体内水分散失的作用外，还是一个晴雨计。陆上生活的龟，要是龟背十分干燥，那么说明最近不会下雨，倘若它壳上潮湿得像是冒汗，那么你出门的时候得要带雨具，免得遭雨淋。

原来，乌龟的壳看上去好像很光滑，实际上有许多凹凸纹理，当空气中水汽达到过饱和状态，乌龟背作为一个凝结表面而存在，水汽就在其表面发生凝结，凸处有水汽时能反光，凹处就易积水，不易干燥，这时凸处的附着力小于凹处的内聚力，因此，在乌龟背上易成水珠。当人们一看到乌龟背上有水珠，这表示低层空气过饱和了，所以农谚说"乌龟背冒汗，出门带雨伞"是有一定的科学道理的。

22. 物候与甲鱼

甲鱼又称鳖、团鱼，学名中华鳖（*Amyda sinensis*），头部淡青灰色，散有黑点，或有鳞虫状纹，或暗色而有黄点。生有四肢，背长甲壳，通常为榄色，腹面乳白色。生活于河湖、池沼中，捕食肉类。

甲鱼生活于水中，而蛋却生在陆上。每年夏秋季，甲鱼总是爬上河滩，选择较松软的地方，用爪子刨一个与自己体型大小差不多的坑作为蛋窝。甲鱼蛋呈球形，白色，大小跟枇杷差不多，每窝15个左右。甲鱼生完蛋后，用泥沙、杂草等把蛋遮盖起来，自己又爬回水里。甲鱼上岸生蛋虽然是单个行动，但所有的甲鱼生蛋却在同一时期，而且生蛋的位置也有规律，或者都生在岸上一定的高处，或者都生在水面较近的低处，基本上都在同一条水平线上，所以人们有"甲鱼生蛋一条线"的说法。有经验的渔民经常通过观察甲鱼生蛋位置的高低，来预测当年洪水的大小和早迟。若发现甲鱼蛋靠近水面，则预示未来没有大洪水，若发现甲鱼蛋在比较高的河坎上，则预示10多天后将有一次较大的降水，河水会随之猛涨，水位升高。根据经验，一般甲鱼生蛋后的18天左右将是水位最高的时候，这时水位往往正好升到甲鱼生蛋的地方，且不会再升高了。所以，谚语说："甲鱼放蛋窝，洪水到窝边。"（图 4-39）究竟是什么道理，目前，理论上还很难讲清楚。不过，从这样的现象来判断可能是甲鱼的本能作用。因为甲鱼蛋孵出小甲鱼需要 20 天左右时间，假如洪水小，或来得晚，蛋生的位置过高，则小甲鱼问世后往水里爬，行程过长，在半路上就会干死；若蛋生在低处，洪水来得早，它的蛋就被冲走。甲鱼为了繁殖后代，对生蛋的位置不能不有所选择。甲鱼能够世世代代生存下来，没有被自然界的洪水消灭掉，说明甲鱼有本能的预测可能遇到的洪水及其来临的早迟和水势大小的能力。

图 4-39　甲鱼放蛋窝　洪水到窝边

那么怎样去找甲鱼蛋呢？甲鱼在夏秋季生蛋，生蛋时，它的行径在地面上留下了足迹。所以，在甲鱼生蛋季节，从甲鱼爬行的踪迹就能寻到它的蛋窝了。根据找到的甲鱼蛋窝离水面的高低来预测当年洪水的大小是比较准确的。这条经验在建湖县的渔民中运用比较普遍，特别是以渔业生产为主的荡中乡气象哨，他们将这条经验作为预报雨量的多少、是否发大水的一个常用依据。

另外，如看到甲鱼爬在河滩上，头昂起朝着太阳久久不动，人们把这种现象称为：甲鱼晒影，预示着未来天气将转为阴雨，这条经验可用来做短期预报的参考。

23. 物候与蚯蚓

蚯蚓（图 4-40），通常指的是蚓蚓科环蚓属（*Pheretima*），俗称"地龙"。蚯蚓身上有一层黏液，生活在潮湿而肥沃的土壤中，它们没有专门的呼吸器官，靠皮肤进行呼吸。根据建湖县农村气象员和老农的观察，蚯蚓在地面爬行一般有两种情况：一种是在夏天的雨后，或者由于旱田灌水，影响它们的呼吸，它们从土中爬出，身上光滑湿润不带泥土，可看到它们身上的红绿颜色，向前爬动很快，这种情况与天气变化没有多大关系；另一种是在暴雨来临前，由于空气中的水汽多，气压变低，它们呼吸受到影响，出洞后，乱爬乱动，且由于身上有层黏液的缘故，满身就沾满了泥灰，呼吸就更加困难了，一会儿便像死了一样躺着不动了，这种情况是暴雨将来临的征兆。

运用这条谚语时，必须注意时间性。有时早晨露水大，地面潮湿，也能使蚯蚓出土滚

蚯蚓垒土　　　　　　　　　　　蚯蚓滚塘灰

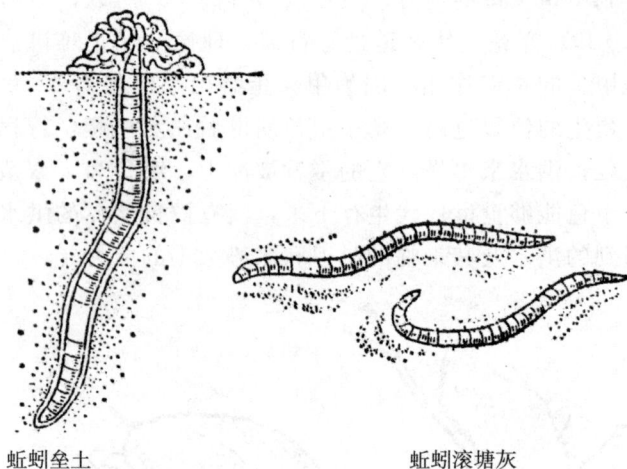

图4-40　蚯蚓垒土、滚塘灰

塘灰，但这不是下雨的预兆。露水大的那天蚯蚓出洞，未来往往是晴天，所以又有"早蚯晴，晚蚯雨"的说法。

观察时还要注意地点上的差别，要选离水源远一点的地方，因为在近水或低洼的地方，泥土本来就潮湿，即使天气不变化，蚯蚓也会爬出来活动，这样预测天气的指示作用就较差。

此外，在春季天气变化之前，蚯蚓也不一定会爬出来，它们往往会头朝下地深挖地下坑道，靠肉质肥厚、伸缩力很强的口吞进泥土，消化后再由肛门排泄出细土来，在地面上形成一个个小土堆。一般发现这种现象的当天或第二天转阴雨天气，若顶出的土堆小而少，未来多是阴天而不下雨；若顶出的土堆多而大，则未来有三天以上的连阴雨天气。如果在连阴雨的早晨发现蚯蚓从泥土中爬出来，则天气在第二天或第三天可能转晴。若蚯蚓在夏秋季阴雨天的早晨，又出来滚塘灰，一般预示着也会出现连阴雨的天气。

24. 物候与牛

牛是农家宝，在苏北水乡，农民饲养使用水牛积有许多经验，而且还能根据耕牛的一些活动规律，来预报天气晴雨和风寒。

"牛好动，少食，兆晴。"在放牧的时候，牛喜欢东奔西跑，爱活动，天还未晚就不再吃草了，预兆未来继续是晴天。在连阴雨后，牛牵出屋，蹦蹦跳跳，预兆天将转晴。

"牛少动，饱食，打喷嚏，兆阴雨。"放牧时，牛专心吃草不抬头，就是天要晚了，牛的肚子已吃得圆溜溜的，但还是不停地啃草，尤其是在夏秋季傍晚前后，牵牛归厩，仍是贪婪地走一步啃一步草，不愿归厩，有的即使归厩了，牛绳如果没有缚牢，它还越栏而出，仍然要跑去吃草。这样的现象，预兆未来天将阴雨。在夏秋季阴雨天气之前，往往由于空气湿度增大，气压较低，空气闷热，牛呼吸不畅；同时，阴雨前小昆虫比较多，所以，牛连打喷嚏往往也是阴雨的先兆。

四、物候与非生物

非生物也是一种测天气的"土气相仪"。随着天气条件的变化，不少非生物也会发生一些不同的现象，根据这些现象我们同样可以预测未来天气。

1. 物候与柱脚石

当看到室内的柱脚石潮润润的，好像在淌汗一样，天将要下雨，所以有"柱脚石潮湿有雨"（图4-41）的谚语。

石头传热的本领比空气大，吸热快，散热也快。一般情况下，室内柱脚石的温度总要比空气温度来得低，如果空气中含有的水汽增多，那么当空气接触到石头的表面时，其温度就要降低，水汽将达到饱和状态，就会在石头上凝结成小水滴，石头的表面就潮润润的，出现这种现象表明空气中的湿度已经很大，于是很快就要下雨了。因此，运用这条谚语来预测天气的变化，还是有一定参考价值的。

2. 物候与大缸穿裙

"缸穿裙，大雨淋"（图4-42）同"柱脚石潮湿有雨"是同样道理。水缸的温度比空气温度低，如空气湿度增大，和水缸接触的空气温度就会降低，空气中的水汽就有可能达到饱和状态，水汽就会在缸的外壁上凝结成水滴向下淌，好像水缸穿上裙子一样。空气湿度愈大，凝结的水滴愈多，则预兆未来将有大雨。

图4-41　柱脚石潮湿有雨

图4-42　缸穿裙　大雨淋

群众中还流传有"盐出水，铁出汗，雨水不少见"的说法，其道理也是一样的。盐吸湿性很强，当空气湿度增大时，它吸收了水分就会逐渐溶化而发潮，产生了"盐出水"现象。铁传热本领大，不但热得快，凉得也快，它的温度一般要比周围的气温来得低，含有大量水汽的空气碰到了它，就很容易凝结出小水滴来，像人身上出汗一样，故称为"铁出汗"。这些都表明天气将要转阴雨，对天气变化都有指示作用。

3. 物候与咸物返潮

人们在日常生活中常常用盐或盐水腌渍一些食物，如咸菜、咸肉、咸鱼等。在天气转阴前，咸物会返潮，甚至还会滴水，有时咸菜坛子外面也会出现水滴，这些同样可作为预测天气的参考。

1976年4月22日，建湖县建阳中学气象哨根据咸物返潮现象，结合气象台站预报，果断地预报当天将有大风雨来临，并将预报及时送到120多个村组，提醒各村组做好护秧

工作，结果当天下午 3 时许果然刮了 7 级大风，并下了大雨。

4．物候与烟扑地

经常烧灶的人会有这种感觉，有时候，烟囱里的烟出来后，不是往空中升腾，而是往地下扑，或缭绕弥漫于屋顶周围，甚至在烟囱里慢吞吞地似乎不愿意出去，致使灶膛里火势不旺。这种现象出现时，一般是将要下雨了（图 4-43）。

图 4-43　烟扑地现象

原来，雨前空气中水汽增多，烧灶一般是用稻草秸、木片或树枝当作燃烧物，它们燃烧后冒出来的烟实际上是由许多微小的炭粒组成，由于炭粒吸附能力强，容易把空气中水汽吸附在自己身上，同时草木燃烧后排出的气体中还含有二氧化硫，它会跟空气中的水分发生反应，变成液滴，浮在空中。因此，烟似乎就变重了，不易升腾。所以人们说"烟扑地，雨连天"是有一定道理的。

5．物候与草灰

草灰是指柴草、稻麦草燃烧后的灰。在正常天气条件下锅膛里的草灰总是干松松的，但在天要转阴而刮风下雨时，锅堆里的草灰往往结成了"饼"。所以农谚说"草灰结成'饼'，天有风雨临"。

这是什么原因呢？草灰主要是磷、钾、钠的化合物，它很容易吸收空气中的水汽。当天要转阴下雨时，空气中的水汽就会增多，草灰就会吸收水汽结成"饼"（或结成块）；而晴天，空气比较干燥，水汽不多，锅膛里的草灰就不会结成"饼"。所以锅堆里草灰结成"饼"，是将有风雨来临的一个征兆。

6．物候与灯花

我国古代劳动人民早就学会运用灯花预测天气。《田家五行》就记有："久阴天，熄灯，灯煤如炭红，良久不过，明日喜晴"的记载，谚云"火留星，必定晴。久晴后，火煤便灭，主喜雨。"其大意是在长久阴天的情况下，若熄油灯时，灯花像炭火一样红，且较长一段时间不灭，则明日天气晴；在长久好天气情况下，若熄灯时，灯花即灭，预兆明天将降喜雨。今天，群众中还流传不少这方面的经验，又总结出如"清油灯点燃后，再吹灭，灯花鲜红兆晴天，灯花下落要下雨"等。

"灯花有黑烟上官，是有大风的预兆，煤油灯明亮没有烟，天气晴好"，为什么阴天熄灯灯花炭火样红或点灯后再灭灯花鲜红兆晴，晴天熄灯灯花即灭兆阴呢？我们知道，一般灯（不论是蜡烛或清油灯）的火焰分三层，即焰心、内焰、外焰。烛芯或灯芯，利用毛细管作用，把油（碳氢化合物）吸到芯子的上端以供燃烧。在焰心处，碳氢化合物由于高温而起分解作用，分解为碳和氢，然后由于燃烧发热，由暖空气将碳的固体微粒及氢带到内焰处，继续燃烧，焰心由于燃烧不强，所以光呈暗红；到了内焰，碳粒是固体，它燃烧时发出较亮的光，如燃烧温度不够高，就发红色，如燃烧温度很高，就发近于白色的光。碳粒充分燃烧后，形成的二氧化碳和氢在上升热空气带动下到了外焰区，由于外焰区燃烧的主要是气体，所以燃烧的温度特别高，光却并不强，红色飘动的火焰却较明显。将灯火吹熄，其实就是把燃烧的气体部分吹走，使它脱离灯火区，于是失去了外焰部分，而内焰中的气体燃烧也被吹走，内焰中炭粒就与外界冷空气接触，就渐渐降温，这使得燃烧的炭粒在灯芯上端渐渐由亮红转为红色再转为暗红而熄灭。这种熄灭过程中红色的维持时间视降温快慢而异，降温愈快维持的时间愈短。在天气转晴时，空气中水汽较少，比较干燥，降温较慢，因而红色的维持时间也较长。"火留星，必定晴"这一说法的道理就在于此。而天气转阴时，空气中水汽较多，炭粒冷却就较快，于是红色维持的时间就短，形成一吹就熄的现象。"久晴后，火煤便灭，主喜雨"的道理就一目了然了。为什么灯花下落要下雨呢？在天气要转阴雨之前，往往空气扰动较强，灯花乱动，因此，火焰上下抖动，使得内焰及外焰振动的垂直范围加大，于是灯芯上端有很长一部分被包括在内焰中，这就使固体炭粒燃烧区变长，这时，灯芯上端就不易直接吸收到经下部灯芯毛细管作用所供应的油，这样一部分燃烧就涉及灯芯本身，使其成炭，灯芯上就分为两段，下段仍有毛细管作用输油的灯芯部分仍在燃烧，灯并不会熄灭；而上段已烧成炭的灯芯部分，就会出现圆形或半圆形灯花。吹灯时，灯芯就会在这两段分界区折断而落下来，形成"灯花下落"的现象。

虽然，现在国内大部分地区都有电灯，但在一些偏远的湖泊、滩涂地区的养殖场（户），仍没有通电，还在点油灯，所以可继续这方面的观测和利用。

第五章 物候季的划分与自然历预测

一、物候与四季划分

改革开放以来，中央对发展农业生产十分重视，在大力推广农业新技术的同时，大力发展农业机械化和农业现代化，农业生产已连续多年获得丰收，从根本上解决了 13 亿人民的吃饭问题。农业的稳定发展，能推动全国经济的快速推进，提升我国的综合竞争能力。这里必须指出的是：发展农业生产，首先，科学是第一生产力，这个生产力的前提是农业生产切勿违背农时。如何实现农村预测的科学化和现代化，这是迫切需要研究的问题。

在我国广大的温带地区里，每年春、夏、秋、冬四季循环，年复一年地进行着。四季的划分，我国古代以立春、立夏、立秋、立冬为各季之始，夏至、冬至、春分、秋分为各季之中；也有以阴历正月为春季开始，每季三个月，分配整齐。南宋《陈旉农书·天时之宜》（1149）篇中说："盖万物因时受气，因气发生，其或气至而时未至，或时至而气未至，则造化发生之理因之也。……今人雷同以建寅之月朔为始春，建巳之月朔为首夏，殊不知阴阳有消长，气候有盈缩，冒昧以行事，其克有成取。"元代《王祯农书·农桑通诀授时》（1313）中，第一篇中，对书中所作的授时图做了详细的解释，"此图之作，以交立春节为正月，交立夏节为四月，交立秋节为七月，交立冬节为十月；农事早晚，各疏于各月之下……务农之家，当家置一本，考历推图，以定种莳，如指诸掌，故亦名曰授时指掌活法之图"，可见我国古代劳动人民对于四季的划分是相当重视。张宝堃曾作《中国四季之分配》一文，把全年分为七十三候，以候平均温度划分四个季节，这一划分，比以前学者的划分有了很大的进步，更具科学性。历代人们对四季的划分，其主要目的就是为了便利农事，在自然界中，在一年四季中，物候的递变是最明显的象征，物候现象的表现最突出。如植物的发叶、开花、结果、叶黄和叶落，候鸟的春来秋去，昆虫的春现冬藏；农作物的播种、收获，甚至人们的日常生活都有一定的季节性。所以，世界上有很多发达国家已根据物候现象，划分自然季节，特别是那些农、林、牧业都有十分发达的国家，它们把物候现象作为划分农业节气的重要依据之一。例如，德国纳（E. Ihne），曾在 1895 年建议把一年分为 8 个物候季，该国有很多著名物候学家也主张这样划分，而且认为必须从当地植物种属中选出适合于这个目的的植物用来说明各季的特征。苏联波根波里在乌克兰乌曼进行过这方面的详细研究。美国著名学者霍普金斯（A. D. Hopkins）和麦雷（M. A. Murray）利用西弗吉尼亚州栽培的几种常见植物的记录评定物候季节。他们利用这些记录以确定农作物的发育过程、农作物田间工作日期的顺序，从而确定最适期。德国物候学家施奈勒（F. Schnelle）在物候研究中以 1936—1945 年 10 年间的物候记录，做出东德南部地区自然季节的划分，将春、夏、秋三季分为春季以前时期、早春、夏季、初夏、盛夏、晚夏、初秋、秋季、晚秋 9 个不同的时期。又制定物候与农时对照的物候历。从该物候历的内容看，该书有点类似我国的《齐民要术》，在这本物候历中，他还规定了农时的上限和下限，以便农民更好把握。如马铃薯下种，种植早熟马铃薯是在驴蹄草开花的时候，种植晚熟马铃薯，在椴树开花期前（《植物物候学》第 101～102 页）。这在当时，利用物候植物指导农时，提高农作物产量，发挥了积极作用。日本物候学家依高桥浩一郎也曾对季节进行新的划定，他把全年分为 10 个生物季节（《农业气象学基础》，侯客森译，334～341 页，1963 年 9 月科学出版社）。以物候来划分一年中的四季，在当时日本，甚至到目前为止，对于农业生产，都是比较可行的一种划分法。

二、北京四季的划分

我国著名的科学家，现代物候学研究的奠基人竺可桢老先生，曾在北京用 24 年（1950—1973 年）时间，专门从事物候观测记录，并对所观察的物候植物进行详细的记录，同时，对同一区域内的各种农作物的物候现象进行记录，做出北京地区四季划分，将北京地区的春、夏、秋三季各分为初、仲、季三个阶段，冬季分为两个阶段，全年划分为 11 个季段，并制作北京地区的自然历。划分季段除用物候指标外，植物生长的起点温度，经我国 20 世纪 70 年代物候学家的研究计算，北京地区有效积温开始之时为 3℃，也就是日平均气温达到 3℃时为北京地区植物生长期的起点，当日平均气温低于 3℃时为该地区植物生长期的终点。因此，该研究也用了日平均气温作为划分北京地区各个季段的指标。

1. 春季

北京地区的春季，虽然时间较短，但季节还是比较明显的，我国物候学家根据物候现象，把该地区的春季划为初春、仲春、季春三个阶段。

初春：从初春节气看，在北京地区通常为由冬季进入春季的过渡时期，这个时期在北京地区一般开始于 2 月下旬或 3 月上旬。从土壤表面看，此时土壤表面白天开始融化，到了晚上又开始结冻，早春开花的树木萌动发芽〔例如柳、山杏（图 5-1）〕。唐白居易作咏草的诗："离离原上草，一岁一枯荣，野火烧不尽，春风吹又生。"古人以野草再生，为春天来临的象征。自然界的野生植物受地温的影响，每年发青比栽培植物要早，所以入春的主要指标为野草开始发青（平均日期为 3 月 8 日±14 天）。此时，日平均气温为 3℃，到初春终了时为 6℃。由于各年在入春的时候，气温升降不稳定，所以，初春来临的早迟，约有 14 天左右的时间偏离。

北京周边地区初春乔木或灌木开始萌动发芽，榆树芽萌动比较早，随后早柳、山桃芽膨大，榆树芽开放，雁北飞，北海冰融，蜜蜂群飞。

仲春：该时节的平均气温为 6℃～13℃时，当温度在这个变幅范围内，通常为仲春时令。这时主要的物候现象为植物开始开花，指标植物为榆树始花（北京地区的平均日期为 3 月 19 日±10 天）。

北京及周边地区的乔木或灌木，如山桃、加拿大杨、连翘、杏树、玉兰、探春花、小叶杨、旱柳、垂（绦）柳、榆叶梅（图 5-2）、紫丁香等一般依次开始开花。

图 5-1 初春北京房山十渡地区的山杏花

图 5-2 房山良乡含苞待放的榆叶梅

季春：当日平均气温为 14℃～19℃时，为季春时令，指标植物为紫荆始花（平均日期为 4 月 17 日±7 天）（图 5-3）。

乔木或灌木如京白梨、色木槭、西府海棠、日本樱花、苹果、胡桃、紫藤等次第始花；蛙始鸣，燕始见。4 月初至 5 月初，牡丹、桑树、泡桐花开，榆树翅果成熟，柳絮飞扬。此时，呈现暮春景色，遍地花开。春季最引人注目的物候现象，为旱柳或垂（绦）柳树抽青，这一现象可视为迎春的物候，而到春末柳树种子成熟，柳絮到处飞扬，又可视为送春的物候。

图 5-3　房山良乡初夏的盛开的紫荆花

　　此外，在整个北京地区（含周边山区）季春来到时，冬小麦拔节，棉花、谷子、春玉米相继播种。

　　北京的春季，时有大风，且有沙尘出现，这是该地区春季的特点之一。1972 年仲春时季风大，阴天多，在桃、杏开花时，果树授粉不足，当年的果品质量和产量都受到了一定的影响。

　　2. 夏季

　　北京及周边地区的夏季，从物候现象来看，一般也可划分为初夏、仲夏、季夏三个阶段。

　　初夏：当日平均气温高达 20℃～23℃ 时，为初夏时令。初夏来临的指标植物为刺（洋）槐的盛花（平均日期为 5 月 9 日 ±6 天）。

　　这个时令的物候标志，芍药花开（图 5-4），柿树始花，君迁子、荷花、丁香、臭椿、枣树等次第始花，布谷鸟鸣，桑葚成熟。

　　此时，北京及周边地区栽培的农作物，如冬小麦开始抽穗、开花，水稻进入插秧期。

　　仲夏：温度上升是仲夏的重要标志之一，这一时期，一般从日平均气温为 24℃ 时开始，有时上升至 27℃～28℃（2017 年 6 月 9 日）左右，有时又下降至 26℃，此时是北京最热的时节，为仲夏时令。仲夏开始的指标植物为板栗盛花、栾树盛花（平均日期为 6 月 7 日 ±8 天）。

　　这个时令期，北京及周边地区的物候植物，如合欢（图 5-5）、梧桐、木槿、紫薇、槐树等次第开花。蚱蝉始鸣，布谷鸟终鸣。

　　此时，北京及周边地区气候较为干燥，从人工栽培的作物看，冬小麦黄熟；棉花现蕾、开花；高粱、夏玉米播种；春玉米开花、吐丝；水稻拔节；谷子抽穗。

　　季夏：这一阶段日平均气温从 26℃ 下降至 22℃，此时酷暑渐消，早晚温度比较低，

图 5-4　初夏初放的芍药花

图 5-5　房山良乡路边盛开的合欢花

但中午还很热，特别在室外晨练时，早晚已有凉意，这时应为季夏时令。季夏开始的指标植物为槐树盛花（平均日期为 7 月 29 日±15 天）。值得一提的是，2017 年 7 月同期，北京地区温度很高，例如 7 月 20～24 日，日最高气温达到 35℃～38℃（房山良乡一带），比往年温度高出 2℃左右。

一般在这个时令期，枣子成熟，芦苇扬花，蟋蟀始鸣（图 5-6）。此时，大面积栽培的农作物，如水稻、高粱抽穗；春玉米、谷子成熟。

图 5-6 蟋蟀阴凉处鸣叫，迎接盛夏的到来

3. 秋季

北京的秋季，天高气爽、景色宜人，天气不冷不热，从人类生活的舒适指数看，该季为一年中最好的一季，也是一年中最短的一季。可分为初秋、仲秋、季秋三个阶段。

初秋：日平均气温由 21℃ 逐渐下降至 17℃，初秋的指标植物为梧桐、合欢、紫荆种子成熟（平均日期为 9 月 13 日±10 天）。

北京及周边地区，这个时令期，杜梨、君迁子果实成熟；板栗成熟；白蜡、荷花、丁香的种子成熟；白蜡、苹果叶初变秋色；蚱蝉终鸣。人工栽培的农作物，如棉花吐絮，高粱成熟（图 5-7）。

图 5-7 初秋成熟的高粱

仲秋：一般日平均气温从 16℃降至 14℃。仲秋的指标植物为野菊始花（平均日期为 9 月 27 日±10 天），另一指标植物为柿子成熟（图 5-8）。

仲秋时令，桑树、玉兰、梧桐、栾树、加拿大杨、色木槭、杏树、黄栌等的叶子初变秋色。野草开始黄枯，芦苇开始黄枯。燕子南飞。

这一时节，在北京广大地区，水稻大面积黄熟，夏玉米成熟，冬小麦开始进入播种期。

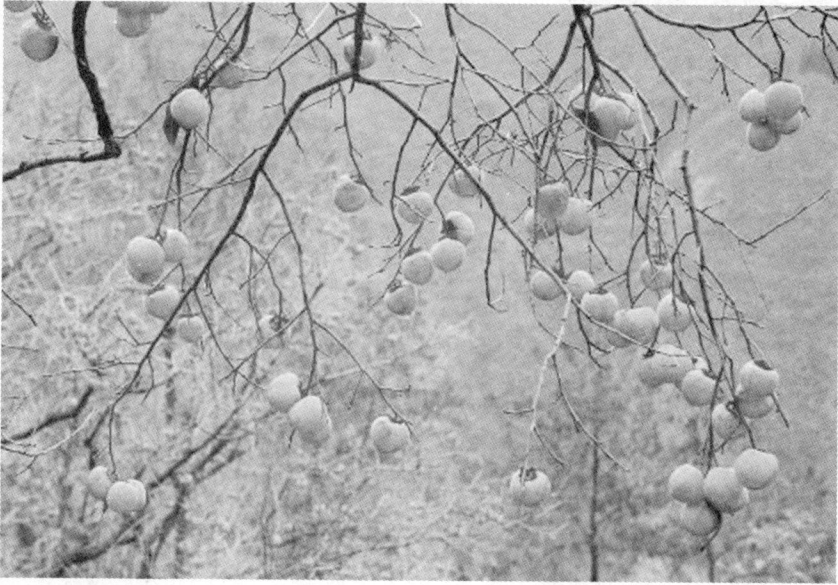

图 5-8　秋季房山十渡的成熟柿子

季秋：气温开始大幅度下降，此时的日平均气温从 13℃逐渐下降至 11℃，季秋开始时的现象为槐树叶初变秋色（平均日期为 10 月 14 日±16 天），银杏（图 5-9）、紫薇叶初变秋色。

叶子较迟变色的树木，如绦柳叶初变黄色。

叶子较早变色的树木，如白蜡的叶子完全变为黄色。蟋蟀鸣声终止，此时，北方的秋天天高云淡，凉爽宜人，大地经过春、夏季的喧闹，开始静了下来，金色的叶片铺满大地。

4. 冬季

北京地区的冬季，是一年中最长的一个季节，人们一般将冬季划分为初冬和隆冬两个阶段。

初冬：初冬开始时，日平均气温为 10℃，并逐渐下降至 6℃。这一地区最常见的树木，如刺槐、梧桐、小叶杨等开始落叶。初冬的指标植物为最引人欣赏的红叶（图 5-10），如色木槭与黄栌叶完全变红色或黄色（平均日期为 10 月 26 日±10 天）。

芦苇大部分变黄到完全变黄枯，野草完全变黄枯。薄冰初见，夜冻日消。

在这一阶段，人工栽培的冬小麦分蘖；冬贮大白菜收获结束；野生荠菜叶片开始呈紫色，地上部分基本停止生长。

图 5-9　深秋银杏树上挂满金色叶片

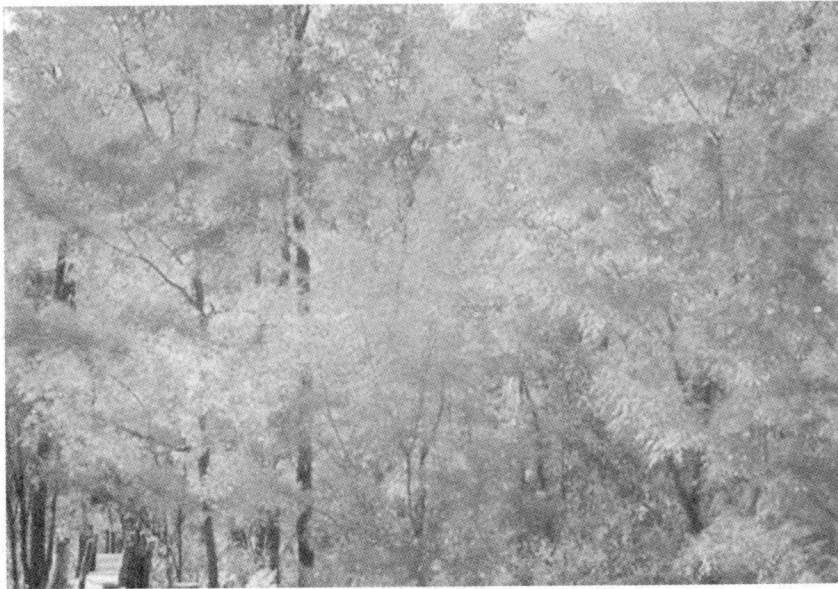

图 5-10　北京红叶似火的初冬

隆冬：进入隆冬，日平均气温从 5℃慢慢下降至 0℃以下，隆冬开始的现象是土壤开始冻结（平均日期为 11 月 9 日±18 天）。需要提及的是，此阶段阳坡处的土壤还没有冻结现象，一般阴处和平地含水较多的土壤比较明显。

落叶树的叶子次第落光，最迟落叶的绦柳到了 12 月初叶子也全部脱落。冬小麦地上部分停止生长。通常 11 月下旬降雪，河流封冻，到处是隆冬景象（图 5-11），直到第二年 2 月下旬或 3 月上旬冬去春来，又是春回大地，绿草如茵了。

图 5-11　北京冬景观

据以上的划分，我们将北京地区四季划分的分段日数，归纳如下：

$$
\begin{array}{l}
\text{春季}\left\{
\begin{array}{l}
\text{初春}\quad 8/3\sim18/3\cdots\cdots 11\,\text{天}\\
\text{仲春}\quad 19/3\sim16/4\cdots\cdots 29\,\text{天}\\
\text{季春}\quad 17/4\sim8/5\cdots\cdots 22\,\text{天}
\end{array}
\right\}62\,\text{天}
\end{array}
$$

$$
\begin{array}{l}
\text{夏季}\left\{
\begin{array}{l}
\text{初夏}\quad 9/5\sim6/6\cdots\cdots 29\,\text{天}\\
\text{仲夏}\quad 7/6\sim28/7\cdots\cdots 52\,\text{天}\\
\text{季夏}\quad 29/\sim12/9\cdots\cdots 22\,\text{天}
\end{array}
\right\}127\,\text{天}
\end{array}
$$

$$
\begin{array}{l}
\text{秋季}\left\{
\begin{array}{l}
\text{初秋}\quad 13/9\sim26/9\cdots\cdots 14\,\text{天}\\
\text{仲秋}\quad 27/9\sim13/10\cdots\cdots 17\,\text{天}\\
\text{季秋}\quad 14/10\sim25/10\cdots\cdots 12\,\text{天}
\end{array}
\right\}43\,\text{天}
\end{array}
$$

$$
\begin{array}{l}
\text{冬季}\left\{
\begin{array}{l}
\text{初冬}\quad 26/10\sim8/11\cdots\cdots 14\,\text{天}\\
\text{隆冬}\quad 9/11\sim7/3\cdots\cdots 119\,\text{天}
\end{array}
\right\}133\,\text{天}
\end{array}
$$

从上面划分的时间来看，北京地区的春季，多年平均日期从 3 月 8 日开始，为 62 天，约占全年两个月左右；夏季从 5 月 9 日开始，为 127 天，约占全年 4 个月左右；秋季从 9 月 13 日开始，为 43 天，约占全年一个多月；冬季从 10 月 26 日开始，为 133 天，约占全年 4.5 月（图 5-12）。

在这里需要说明的是，由于气候每年都在变化，特别近 10 年的气候变化较明显。因此，以物候现象与日平均温度划分四季，并非固定不变的，视各年物候现象出现的早迟，即可知道那年季节来临的早迟，对于农

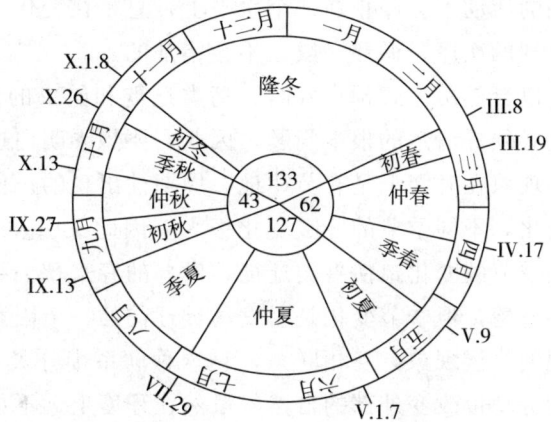

图 5-12　北京的四季划分图

业生产的安排，可以灵活运用。同时，对鸟击防范预测预报，都要根据当年、当季、当时的实际情况进行合理的、科学的修正。

春、夏、秋、冬四季依物候来划分，这些划分是有地区性的，各地季节的起止日期由于地理差异，通常是不同的，有了各地多年的物候观测记录，就可以了解各地区伴随季节演变的各种物候现象出现的起始日期。反过来说，从物候现象的起始日期也可以判断季节的状况，进而还可以了解今年的季节比常年是迟是早，这对于每年的农业耕种起着很有价值的参考作用。此外，根据各地物候季节的不同，还可以了解各地区气候的差异；也可以根据野生植物判断季节，寻找适合于栽培某种作物的土地。这些资料对于新开垦的土地、引进的新品种、全面制定新的农业规划，或者大面积改种新的作物等，都有重要的参考价值，所以用物候记录划分物候季节是有重要现实意义的。

三、北京自然历的制作

制作北京的自然历采用的记录春季至初夏有 8 种物候记录，系用中科院竺可桢先生在北京地区 24 年（1950—1973 年）所观测的，以"□"号在北京自然历中注明，此外，采用北京西郊 13 年（1962—1968 年，1972—1977 年）和北京北郊地区于 20 世纪 70 年代中的 3 年（1975—1977 年）之物候观测记录，同时，结合当地农作物等记录整理的结果编成。根据上述 3 次北京地区西郊与北郊两个观测点的对比观测，有的物候期相同，有的相差不大，故用以编自然历。北京自然历所包括的项目有植物、动物、农作物的物候期，气象水文现象如霜、雪、结冻、解冻等的出现日期。按北京地区一年四季的划分分段，列出物候现象的多年平均日期，在这个编排的日期中，既列出最早日期，也编列了最迟日期，同时把多年变幅的天数列入其间。这些日期是可以灵活运用的，比较古代的二十四节气年年固定在某一日期不变，有较大的优越性。所列各物候现象都是与农事有关的明显指标，可以用来预测农林生产物种在多个生长阶段开花期的到来，人们根据开花前后或开花期间的物候指示，确定农事主要干什么等目的，掌握农时，不失时机地搞好农业生产。不过这个自然历只是 1950—1977 年期间的，不能用这个自然历来断定以后几十年或更长时间内的北京地区物候日期。事实上，自然物候的迟早、气候的温寒，如同其他自然现象一般，

它们的活动不会停止在一个水平上,总是在变化。不过相差日期不会太远,且各种物候先后出现的次序、循环一般是不会错乱的。

以自然历方式预告农时、鸟类迁徙和昆虫的发生及危害等,它们的理论根据是什么?这是必须弄清楚的根本问题,因此,要想弄明白这个问题,我们就要知道在自然界中,有许多现象在时间上是有节律地、周期性出现的。例如,每年有四季的更替,从而产生了季节变化,不同季节的冷暖变化很大,因此又引发了植物的花开、花谢和结实等物候现象;又如季节的变化迫使鸟类迁徙,候鸟的春来秋去。虽然这一现象究竟由什么引起的,至今还不清楚,但季节变化是引发鸟类迁徙的一个因素,这是可以肯定的。这种在时间上重复出现的物候现象,互相联系,且这种联系十分紧密。正如恩格尔所指出的:"动物经过它们的劳动也改变外部的自然,虽然在程度上远不如人那样。我们也看到:那经过它们改变了的环境,又反过来作用于它们,使它们也起一定的变化。因为在自然界中没有孤立的东西,事物是相互作用着的……"

自然历是人们利用自然界的季节变化,对所发生的各种自然现象的忠实记载。世界上有很多国家如法国、德国、挪威、苏联、意大利等国都曾制定过某一地区的自然历。我国物候学工作者所设计的北京的自然历(表5-1),揭示了北京地区季节变化的周期性,各种物候现象,随季节的变化,每年周而复始地有规律地递变。动植物的周期性现象,一般都是受气候要素的综合影响,这首先取决于大自然的四季变化,这种变化的结果,会在不同时期产生不同的物候现象,而且这种变化每年均按一定的先后次序出现,有其顺序性、规律性和不可逆转性。各种物候现象,彼此之间也有其相关性,前一种物候现象来临的早迟,决定着后一种物候现象出现的早晚,以植物花期为例,棉花花期晚3~5天,当年的棉铃虫也会相应晚2~4天(江苏省东台市弶港镇六里村一带的物候)。

表5-1 北京的自然历(1950—1977年)

月份	物候现象	平均日期 (日/月)	最早日期 (日/月)	最晚日期 (日/月)	多年变幅 (天数)
初春					
2月	土壤表面开始日消夜冻	25/2	13/2	13/3	28
	旱柳芽膨大	27/2	12/2	24/3	40
	榆树芽开放	28/2	18/2	13/3	23
3月	冬小麦返青	1/3	14/2	16/3	30
	土壤完全解冻	3/3	13/2	21/3	36
	野草发青	8/3	20/2	19/3	27
	终雪	10/3	12/2	5/4	52
	垂(绦)柳芽膨大	11/3	26/2	19/3	21
	雁北飞	11/3	18/2	24/3	34
	北海冰融*	12/3	24/2	29/3	33
	蜜蜂群飞	15/3	24/2	28/3	32

月份	物候现象	平均日期（日/月）	最早日期（日/月）	最晚日期（日/月）	多年变幅（天数）
	仲春				
4 月	榆树始花	19/3	9/3	29/3	20
	山桃始花*	29/3	18/3	8/4	21
	加拿大杨始花	2/4	25/3	11/4	17
	连翘始花	2/4	30/3	4/4	5
	杏树始花*	4/4	25/3	13/4	19
	玉兰始花	4/4	25/3	15/4	21
	探春花始花	5/4	2/4	10/4	8
	小叶杨始花	5/4	25/3	20/4	26
	碧桃始花	6/4	2/4	12/4	10
	垂（绦）柳开始展叶	6/4	29/3	16/4	18
	旱柳始花	6/4	28/3	20/4	23
	山桃开始展叶	8/4	28/3	14/4	17
	垂（绦）柳始花	9/4	1/4	16/4	15
	辛夷始花	10/4	3/4	18/4	15
	枣树发芽	11/4	29/3	16/4	18
	榆叶梅始花	12/4	5/4	20/4	15
	鸭梨始花	12/4	5/4	20/4	15
	紫丁香始花*	15/4	4/4	25/4	21
	季春				
5 月	京白梨始花	16/4	7/4	24/4	17
	终霜	17/4	7/3	25/4	49
	紫荆始花	17/4	11/4	25/4	14
	色木槭始花	17/4	11/4	26/4	15
	冬小麦拔节	18/4	8/4	23/4	15
	西府海棠始花	18/4	11/4	26/4	15
	棉花播种	18/4	12/4	19/4	7
	杜梨始花	19/4	14/4	28/4	14
	日本樱花始花	19/4	13/4	28/44	15
	蛙始鸣	19/4	7/4	4/5	27
	燕始见*	21/4	12/4	25/4	13
	枣树芽开放	22/4	11/4	28/4	17
	白蜡始花	22/4	11/4	2/5	21

（续表）

月份	物候现象	平均日期（日/月）	最早日期（日/月）	最晚日期（日/月）	多年变幅（天数）
5月	苹果始花	22/4	16/4	30/4	14
	胡桃始花	24/4	17/4	2/5	15
	紫藤始花	25/4	19/4	4/5	15
	牡丹始花	25/4	19/4	3/5	14
	谷子播种	25/4	20/4	8/5	18
	桑树始花	27/4	22/4	8/5	16
	泡桐始花	27/4	21/4	4/5	13
	春玉米播种	27/4	12/4	11/5	29
	榆钱散落	29/4	24/4	7/5	13
	柳絮飞*	1/5	24/4	9/5	15
	雷始闻	2/5	9/4	26/5	47
	枸树始花	3/5	28/4	9/5	11
	楸树始花	3/5	27/4	12/5	15
	木香始花	6/5	1/5	12/5	11
初夏					
6月	刺（洋）槐始花*	9/5	3/5	14/5	11
	冬小麦抽穗	11/5	5/5	18/5	13
	芍药始花	15/5	9/5	22/5	13
	冬小麦开花	15/5	9/5	20/5	11
	柿树始花	16/5	9/5	22/5	13
	君迁子始花	19/5	10/5	28/5	18
	水稻插秧	20/5	18/5	31/5	11
	荷花丁香始花	21/5	16/5	26/5	10
	太平花始花	22/5	18/5	30/5	12
	布谷鸟始鸣*	23/5	12/5	28/5	16
	臭椿始花	24/5	16/5	30/5	14
	枣树始花	27/5	20/5	4/6	15
	桑葚成熟	29/5	25/5	3/6	9
	枣树开花盛期	1/6	25/5	7/6	13
	栾树始花	2/6	28/5	11/6	14

（续表）

月份	物候现象	平均日期（日/月）	最早日期（日/月）	最晚日期（日/月）	多年变幅（天数）
	仲夏				
7月	板栗始花	4/6	23/5	11/6	19
	板栗盛花	7/6	28/5	12/6	15
	栾树盛花	7/6	29/5	15/6	17
	合欢始花	11/6	5/6	18/6	13
	冬小麦黄熟	15/6	6/6	20/6	14
	棉花现蕾	16/6	12/6	21/6	9
	高粱播种	17/6	14/6	20/6	6
	蚱蝉始鸣	22/6	1/6	7/7	36
	夏玉米播种	22/6	17/6	28/6	11
	梧桐始花	24/6	11/6	6/7	25
	木槿始花	4/7	25/6	19/7	24
	春玉米开花	13/7	6/7	27/7	21
	紫薇始花	13/7	4/7	21/7	17
	棉花开花	14/7	8/7	25/7	17
	春玉米吐丝	16/7	10/7	24/7	14
	槐树始花	17/7	8/7	26/7	18
	水稻拔节	19/7	15/7	21/7	6
	谷子抽穗	20/7	14/7	5/8	22
	海州常山始花	23/7	16/7	28/7	12
	布谷鸟终鸣	24/7	9/7	5/8	27
	季夏				
8月	槐树盛花	29/7	11/7	10/8	30
	蟋蟀始鸣	5/8	17/7	22/8	36
	水稻抽穗	13/8	30/7	26/8	27
	高粱抽穗	19/8	6/8	27/8	21
	春玉米成熟	26/8	14/8	12/9	29
	枣子成熟	28/8	9/8	15/9	37
	芦苇扬花	28/8	2/8	19/9	48
	谷子成熟	30/8	21/8	10/9	20

（续表）

月份	物候现象	平均日期 （日/月）	最早日期 （日/月）	最晚日期 （日/月）	多年变幅 （天数）
	初秋				
9月	梧桐种子成熟	8/9	27/8	19/9	23
	棉花吐絮	9/9	24/8	20/9	27
	合欢种子成熟	12/9	2/9	22/9	20
	紫荆种子成熟	13/9	2/9	19/9	17
	木槿开花末期	13/9	6/9	26/9	20
	杜梨果实成熟	13/9	28/8	28/9	31
	白蜡种子成熟	19/9	31/8	8/10	38
	荷花丁香种子成熟	20/9	15/9	24/9	9
	高粱成熟	22/9	30/9	30/9	16
	君迁子果实成熟	23/9	9/9	27/9	18
	板栗成熟	24/9	28/8	9/10	42
	苹果叶初变秋色	24/9	13/9	9/10	26
	白蜡叶初变秋色	24/9	18/9	30/9	12
	蚱蝉终鸣	25/9	5/9	5/10	30
	仲秋				
10月	柿成熟	26/9	4/9	17/10	43
	野菊（黄花）始花	27/9	13/9	3/10	20
	水稻黄熟	27/9			
	冬小麦播种	29/9	22/9	9/10	17
	夏玉米完熟	29/9	5/9	2/10	27
	桑树叶初变秋色	29/9	18/9	19/10	31
	玉兰叶初变秋色	29/9	12/9	14/10	32
	梧桐叶初变秋色	1/10	18/9	17/10	29
	栾树叶初变秋色	1/10	13/9	11/10	28
	加拿大杨初变秋色	2/10	12/9	16/10	34
	刺槐叶初变秋色	3/10	14/9	17/10	33
	紫丁香叶初变秋色	4/10	14/9	13/10	29
	色木械叶初变秋色	4/10	1/10	15/10	14
	燕子南飞	4/10	7/9	9/11	63
	紫荆叶初变秋色	5/10	14/9	25/10	41
	合欢叶初变秋色	5/10	23/9	20/10	27
	杏树叶初变秋色	6/10	5/9	24/10	49

（续表）

月份	物候现象	平均日期（日/月）	最早日期（日/月）	最晚日期（日/月）	多年变幅（天数）
10月	木槿叶初变秋色	6/10	26/9	13/10	17
	野草开始黄枯	6/10	15/9	28/10	43
	黄栌叶初变秋色	7/10	29/9	16/10	17
	芦苇开始黄枯	7/10	18/9	30/10	42
	紫藤叶初变秋色	8/10	20/9	31/10	41
	山桃叶初变秋色	9/10	25/9	29/10	34
季秋					
10月	紫薇叶初变秋色	11/10	25/9	31/10	36
	初霜	13/10	25/9	15/11	51
	槐树叶初变秋色	14/10	23/9	25/10	32
	垂（绦）柳叶初变秋色	15/10	19/9	2/11	44
	蟋蟀终鸣	15/10	26/9	30/10	34
	白蜡叶全变色	15/10	30/9	27/10	27
	槐树种子成熟	18/10	4/10	3/11	29
初冬					
11月	刺槐开始落叶	19/10	12/10	2/11	21
	梧桐开始落叶	22/10	13/10	29/10	16
	芦苇普遍黄枯	22/10	6/10	3/11	28
	小叶杨开始落叶	25/10	6/10	2/11	27
	色木槭全变红色	26/10	18/10	1/11	14
	黄栌叶全变红色	26/10	17/10	5/11	19
	冬小麦分蘖	28/10	10/10	18/11	39
	合欢叶全变黄色	31/10	24/10	9/11	16
	枣树叶落尽	31/10	18/10	7/11	20
	白腊叶落尽	1/11	20/10	15/11	26
	加拿大杨叶落尽	2/11	1/11	20/11	19
	芦苇完全黄枯	4/11	30/10	12/11	13
	薄冰初见	4/11	22/10	19/11	28
	栾树叶落尽	5/11	25/10	12/11	18
	野草完全黄枯	5/11	15/10	19/11	35

月份	物候现象	平均日期（日/月）	最早日期（日/月）	最晚日期（日/月）	多年变幅（天数）
	隆冬				
12月	合欢叶落尽	8/11	27/10	18/11	22
	土壤开始结冰	9/11	14/10	20/11	37
	梧桐叶落尽	9/11	30/10	26/11	27
	木槿叶落尽	9/11	31/10	18/11	18
	紫荆叶落尽	10/11	29/10	18/11	20
	色木槭叶落尽	11/11	31/10	22/11	22
	胡桃叶落尽	12/11	24/10	18/11	25
	桑树叶落尽	12/11	26/10	23/11	28
	玉兰叶落尽	13/11	5/11	27/11	22
	紫薇叶落尽	13/11	4/11	20/11	16
	山桃叶落尽	14/11	2/11	20/11	18
	苹果叶落尽	15/11	23/10	4/11	42
	杏树叶落尽	16/11	7/11	21/11	14
	紫丁香叶落尽	16/11	7/11	24/11	17
	黄栌叶落尽	19/11	16/11	26/11	10
	小叶杨叶落尽	22/11	15/11	29/11	14
	紫藤叶落尽	23/11	16/11	4/12	18
	初雪	23/11	5/11	18/12	43
	榆树叶落尽	25/11	16/11	8/12	22
	冬小麦停止生长	26/11	10/11	8/12	28
	垂（绦）柳叶落尽	1/12	23/11	7/12	14

注："＊"表示物候现象波幅较大。

2000—2010年，本书的编者在北京首都国际机场附近的苇沟和西郊机场及周边地区对8种植物连续观察，其自然历与20世纪70年代我国物候学工作者的研究结果相差不太明显，早迟均不超过2天。

还有需要说明的是，木本植物与农作物有什么关系？我们现在栽培的农作物祖先，它们原来都是野生植物，千百年来经过人们的培育、引种驯化和杂交，而成为现代的农作物品种，由于这些植物的基因等遗传物质受了人工控制，加之其自身的适应能力变强等，它们可以适应于各种外界环境，但是它们并未完全改变原来的生活习性和遗传特性，也就是说野生树木花草与农作物有亲缘关系，所以它们之间具有一定的相关性，树木、野生植物、野生动物与农作物的物候期的出现，也具有相关性。由于有上述这些规律，所以我们可以根据自然历反映的各种物候特征，预告农时、鸟类迁徙、昆虫的危害等，从而服务整个大农业和航空业。农村流行的农谚有"人不知春草知春"，《吕氏春秋·任地》篇说："冬至后无旬七日，菖始生〔菖，菖蒲（图5-13），水草也。冬至后五十七日而挺生〕。菖着百草之先生者也，于是始耕（传曰，土发而耕，此之谓也）。"2000多年以前我国劳动人民已经知道，菖蒲是草中最早在初春发芽的植物之一，所以当人们在初春看见野草返青，土壤解冻之时，就知道春天来了，春耕生产就要开始了。

图5-13　湿地植物——菖蒲

人们通过看物候，不仅可以预先知道何时播种，而且还能预先知道在什么时候收获，什么时候防虫，什么时候灭鼠，什么时候防机场鸟害，等等。例如北京地区冬小麦的适宜播种期，也是生长在本地的一种野菊花（开黄花的植物）开花的时候，其初花期为小麦成熟期（这里指常规品种）。野菊始花，是冬小麦播种的指标植物。小麦黄熟，一般是在合欢开花的时候，合欢始花是当地冬小麦黄熟的指标植物。华北地区有"枣芽发，种棉花"的农谚，也就是说枣树是播种棉花的指标植物，其实紫荆也是播种棉花的指标植物。根据我国物候学工作者在北京地区和在湖北省潜江县广华寺附近的观测研究，这一物候现象具有一定的普遍性，且针对性很强。有了指标植物，我们就可以根据自然历，将下列方程式，作为农作物播种期适期和收获期的预告，也可以作为某种植物开花期到来的预测。

$$D=A_1+（I-A）$$

式中：D——表示某种植物开花始期到来的预测日期。

I——表示指标植物开花始期的多年平均日期。

A——表示早于指标植物先开花的植物开花始期的多年平均日期。

A_1——表示早于指标植物先开花的植物当年的开花始期。

根据当年的物候观测记录，应用以上方程式，即可推算出所需求某种作物的开花始期，知道预测的开花始期，即可预告农时、鸟情和虫情等。

对作物收获期的预告，还有另外一种方法，即物候生育期推算法，通常从作物本身的物候期去推算。就是要从当年的记录中，查明这种作物从开花期到成熟期相隔的日数，当知道这一年这种作物的开始开花的日期，再加上从开花到成熟期的日数，这样就可以知道这种作物收获的大致日期。但是，必须考虑当年的天气条件，再加以校正。

近年来，已有山西原平，四川宜宾，广西桂林，四川仁寿，河南洛阳，江苏盐城、东台市、南通市、兴化市、泰州市、扬州市、镇江市、苏州市、常州市，陕西西安，浙江杭州等地区做了四季的划分与自然历，并发表多篇，其他地区也正在制作中。

在20世纪70年代（1974—1976年），四川省宜宾市陈万生，根据宜宾地区的物候观测结果，专门开展该市水稻播种期预测的研究，选择梨始花（相当于日平均气温稳定通过10℃时）为早稻选种、浸种、催芽的物候指标；梨花始花期（或李花的盛花期），当地温度相当于日平均气温稳定通过12℃时，为早稻播种落谷的指标植物；刺槐始花，相当于日平均气温稳定通过15℃时，为早稻插秧的物候指标，可用于早稻适期播种的预测，为当地早稻适期播种和栽培管理提供科学的依据。

山西省原平市水利局物候观测点根据实测物候数据编制的山西省原平市物候历，作为当地的高粱播种期预告的研究，找出适于高粱播种期的物候指标，定梨树开花盛期和刺槐开花盛期，为高粱播种期的上限和下限日期。由于物候测报准确，当地报纸还有相关报道，1978年11月7日《忻县地区报》报道："今年县委大力支持农业部门，应用物候方法调整了今年的高粱播种时间，及时地向全县发出了预告，使全县实时下种的面积由去年的48.8%，增加到了今年的82%，基本上做到了实时下种。经历半年多时间的实践检验，今年全县下种的高粱普遍苗全苗壮。据县农业技术站的调查，全县高粱黑穗病发生率较去年减少3%以上……"

四川省仁寿县钟祥区建新中学的万梨村老师们，利用教学课余时间，进行物候研究，当地农业部门曾根据其所制作的《仁寿四季的划分》和《仁寿县的自然历》，结合农谚对当地栽培的主要农业作物的农时进行预报，适时播种期及管理期的准确率高达98%以上。

江苏省东台市弶港镇农副办公室技术员施泽荣于1976—1986年所作的《沿海滩涂自然历》，结合当地农谚及气候特征，解决棉花、玉米春季播种适期问题，获得成功。

广西植物研究所植物标本园的物候观测人员，对50多种植物的物候观测做了详细的记录，并对雁山地区的四季进行了划分，在此基础上制作了物候历，用于指导当地的农事活动。

山东省潍坊市第三中学王春煦老师从事养蜜蜂10多年，他自1966年起进行10余年的物候观测记录，制定当地的自然历；他结合饲养意大利蜜蜂的实践，对蜜群生活习性等进行多年观察研究，制定了养蜂月历。他在养蜂实践中，找出了当地一些物候现象的周期变化与蜂群之间的关系，同时研究季节变化与蜂的活动反应之间的相关性，利用物候作为饲养、管理的指标，适时采取相应的管理措施，提高蜂蜜的产量，增加经济效应。例如当垂柳枝条变青，芽始萌动时，蜜蜂将要飞出蜂箱，排除体内排泄物，这时要进行灭虫和消毒。榆树开始开花吐粉时，是进行奖励饲养的适宜时期。当泡桐（图5-14）开花时，正是潍坊市准备组织刺槐花期的采蜂群；到了刺槐开花，即组织蜂群采蜜、造脾，开始培育王蜂；枣树始花时，组织强壮蜂群转地放蜂采枣花；等等。他指出，蜂群的品种不同，其生物学特性也不一样，所以，对蜂群管理所用的物候指标也不能千篇一律。观测物候，其目的在于掌握自然界变化的规律，根据物候的指示，采取正确的综合措施培养蜂群，利用丰富的蜜源植物，为发展养蜂业服务。这是一条稳妥、快捷和科学的养蜂经验，也是物候在昆虫饲养、利用方面的正确方法。

图 5-14　初夏华北盛开的泡桐花

　　除上述工作外，物候学在卫生防疫工作中也发挥一定作用。四川宜宾市物候观测研究小组与宜宾市卫生防疫站共同合作中，对疟疾的发生与物候的关系进行了研究。经过观察、实验与分析，当每年春季日平均气温稳定通过 10℃时，正是传疟媒介——中华按蚊结束越冬，开始吸人及其他动物血的活动临界温度，这一时期也是人们灭杀越冬成蚊的最有效时段之一。因此可用物候法推算中华按蚊开始吸血→胃血消化→卵巢发育→产卵等一系列的生长、发育过程，同时，也可用物候法对其不同生长发育阶段的危害进行控制。春季，宜宾地区的物候标志是果树李的始花。当春末日平均气温稳定通过 14.5℃时，传染源（配子体）被中华按蚊吸血时进入蚊胃内开的孢子增殖发育，这时宜宾地区的物候标志是刺槐花。当有效积温（14.5℃以上）达到 105℃时，疟疾的疟原虫发育成熟，疟疾进入流行期，新病例开始出现（尚需加上潜伏期 13 天），此时宜宾地区的物候标志是合欢始花期，人工栽培的小麦开花成熟。当到了秋末日平均气温稳定低于 10℃时，中华按蚊便停止吸血活动，进入越冬滞育期，这也是一年中疟疾传播终止期，此时，宜宾地区的物候标志是梧桐叶落尽，菜粉蝶绝见（图 5-15），蟋蟀终鸣。

　　从上面的资料看，宜宾地区的疟疾发生，通常是伴随着中华按蚊的生长和发育，它们之间都有相对应的物候现象出现。根据宜宾地区的自然历，只要以当年的物候观测记录对应的时间，即可计算出中华按蚊开始传播疟疾和终止流行的日期，这一物候的使用，对预测疟疾的发生、流行和防治都有理论和实际的指导意义，该物候的应用拓宽了物候学应用的新领域。

图 5-15　菜粉蝶

　　在实际生活中，人们还可根据自然历，准确预报农业害虫的始发期、盛期和终止期。例如，苏联昆虫学家波波夫曾利用物候法，提出预报甘蓝蝇这种昆虫发生日期的方法。他的这一方法是寻找两个指示植物，其中一个是指示害虫出现时期的，另一个则是在害虫发生期 10～12 天以前的指示植物（又叫作报警植物）。为了达到预报的目的，首先，必须在多年记载病虫害发生的资料中，确定那个地方甘蓝蝇发生的日期，再从多年的物候资料中，寻找某种乔木或者灌木的始开花期，这恰巧也是甘蓝蝇发生的日期。按照上面所说的方法，查明锦鸡儿开始开花期平均在 5 月 6 日，这就是甘蓝蝇出现的预告植物，然后，在物候资料中再选出比锦鸡儿早 10～12 天开始开花的乔木或者灌木，这样又找着在 4 月 24 日开始开花是杏树，那么，杏树就是报警植物。当杏树开始开花的时候，就可以预告在 10～12 天以后甘蓝蝇可能出现，在这一基础上，对外发布预告，人们就可以做好准备，预防虫害的发生，然后，在锦鸡儿开始开花以前和以后 1～2 天，观测是否有甘蓝蝇出现，从而验证此物候预测甘蓝蝇出现与危害的准确性。当然，在这种情况下，要确定最适应的防治时期，最重要的是选择好指示性植物，除此之外，还必须注意天气状况。用这种方法预防虫害或者植物的病害，在选择预报植物和报警植物的时候，要特别慎重。同时，还要与当地、当时的气候结合起来，才更准确。

　　近 50 多年来，我国在运用物候观测、预防虫害、测报鸟情等方面，取得良好效果。河南省方城县的广大农民，在 20 世纪 70 年代，在一定"要注意灭虫保苗"大抓群测群治虫害的群众性科学实验活动中，建立虫情测报站一百多处，培养农民测报员 5000 多人，他们在测报防治的反复实践中，采取定卵观测、定虫跟踪、定物候记载等办法，初步掌握了该县主要害虫的发生时间和规律，形成群策群力防治病虫害的可喜局面。根据物候观测，群众总结了许多经验。如：迎春花开，杨树吐絮，小地老虎成串出现；桃花一片红，发蛾到高峰；榆钱落，幼虫多；花椒发芽，棉蚜孵化；芦苇起锥，向棉田迁飞；五月桃尖发红，赶快诱杀棉铃虫；小麦抽穗，吸浆虫出土展翅；等等。实践证明，农事物候观测，不仅好记，印象深刻，而且预报准确。该县物候测报人员还专门编有防治"地老虎"的歌诀："榆钱落，幼虫多；定虫跟踪规律摸；防治时机在黑夜；八九点钟最适宜。"这是运用观测物候现象，定出指标植物防治时事等，如从自然历预报这些指标植物的某些现象出现的日期，不仅可以预报虫害，更可以提高效用。

早在20世纪60年代，地处江苏省里下河地区的广大农民，对农事物候也十分重视，例如该省盐城地区秦南中学物候观测小组，自1967年以来，运用物候观测，指导农事活动，对当地栽培的主要农作物稻、麦、棉的病虫害开展物候预测防治，取得了较好效果，在当地传为佳话。如预测预报水稻的一代二化螟，依据的物候指标为：毛桃花开，稻根部的螟虫开始化蛹，紫藤始花，螟蛾始见；刺槐始花，化蛹进入盛期；刺槐盛花，野蔷薇盛花，螟蛾盛发；野蔷薇花开末期，萱草（图5-16）始花（俗称黄花菜），卵块盛孵，幼虫出来危害。根据二化螟的不同化蛹阶段，控制不同水层灌水，再结合苗情，卵块密度，打药灭幼虫和蛹，一般水稻分蘖，初见枯鞘即可用药防治。利用物候预测预报三麦黏虫，在实践中，他们依据的物候指标为：迎春花始，是黏虫成虫进入发蛾始期；菜花一片黄，桃花一片红，黏虫成虫进入发蛾高峰期；刺槐始花，黏虫幼虫进入危害期。预测预报棉花蚜虫，依据的物候指标为：柳树飞絮、刺槐开花、榆钱变黄色时，正是寄主植物木槿上的有翅蚜虫进入迁飞高峰期。

图5-16 萱草花

近几年来，盐城市秦南镇耕作制度改变，发展为稻麦两熟，麦棉套作，早、中、晚稻混栽等，这使三代三化螟找到丰富食料，危害迟熟的中稻和晚稻。物候观测人员与当地农民一起，争取合理调整布局，恶化害虫的取食条件，改变害虫与寄生植物的物候关系。比如根据水稻的生育期与螟虫危害的关系，采取早、中稻早栽，晚稻改用中粳稻迟栽的方法，这样既有利于水稻的正常生长，而且抑制了害虫的发生，大大减轻了螟害。此外，也

可根据水稻不同品种的特性，结合水稻生长发育期长短的不同，适时栽秧，使水稻遭受虫害的危险期与螟虫盛发期错开，从而使水稻免遭螟虫的危害。

在北京市主城区各种行道树虫害的发生期，有较明显的规律性，北京市园林局的技术人员，经过多年的观察研究发现，每一种树木，不同种类的昆虫，他们的生活习性都有相对应的物候期，他们也将观测的物候资料制成自然历，预测虫害发生。例如，当毛白杨雄花盛开时，正是松树大蚜虫孵化出虫期；当柳絮纷飞时，正是杨树天牛盛期之时；当刺槐开花时，正是桃树桑白介壳虫孵化壳期间。刺槐始花期也是吃树叶最严重的害虫——槐尺蠖的一代危害期，每年发生三代；二代为害期是当枣树开花盛期，栾树开花盛期；三代为害期，正是槐花花蕾开放时。有了这些指标植物，也可以应用上列方程式，预测虫害的发生期，选择适量防治期，减控园林害虫的危害。有了物候的指导，不仅有效地灭杀害虫，而且可以节约农药和人工，保护生态环境。

自然历具有显著的地方性、地域性，虽然地区之间有很大的差异，然而他们还是有联系的。例如北京地区的自然历与四川宜宾地区、陕西西安地区的自然历相比较，它们都是以刺槐盛花期为夏季来临的指标植物，由此可见，以物候划分四季，在某一区域之内，有其共同性和相似性。在生产实践中，人们以自然历预报农时的优点，基于自然界物候现象的出现，它们都会受气候、土壤、水分等多因子的综合影响，且受影响后，其应急或缓慢的反应基本相似，各物候现象之间彼此是相互联系的，并且有相关性，知道前一种植物的开花期，有经验的物候观测人员就可以推算后一种植物的开花期，这比选用个别因子所作的方程式进行预告开花期，更具有指导性和实用性。

农事自然历、防治害虫自然历、鸟击防范自然历及防病自然历等自然历制作后，无须年年进行修订，通常情况，不随耕作制度的改变而改变，仍可根据自然历作农时预告。

在一些没有气象记录的地方，特别是一些边远地区，根据自然历和当年的物候观测，即可预报农时、鸟情和虫情。不仅是这样，还可以反过来由物候推算温度的高低。这对于农业生产、鸟击防范和疾病防治工作有利，也很便利。

农、林、牧、副、渔等生产部门，航空运输、军用机场、学校教学以及生物科学的研究单位等，对物候的应用有其需要，都可以按各自的需要，选择观测目标，积累观测记录，经过若干年观测后，在总结分析的基础上就可以制成不同需要的自然历，配合日后气候的变化灵活应用。

制定一个地区的自然历，对于预报当地一年四季的农时、虫害防治、疾病防治等，都大有裨益。只要1～2个人受短期训练，从一小块地、几种植物进行观测，持之以恒，精确记录，总结分析，便可做出一本有用的自然历。从传统概念和人口大国的角度看，我国一直以农立国。在1700多年以前，贾思勰已在《齐民要术》中提倡物候历，这比单纯依靠有关节气的农谚，如"秋分早，寒露迟"等来预测农时更为确切可靠。各行各业可以根据特点和需要，依据物候学和农业气象学的原则，做出本地区的、本行业的、本学科的自然历（物候历），这对于推进农业生产、航空安全、疾病防控等具有重要的现实意义。

第六章 一年中生物物候推移的原动力

我们在前面从多个方面讲述了物候学诸方面的常识，大家可能会认为在一年中各类物候，无论是降霜、下雪，还是树木的开花结果，候鸟的春来秋往，昆虫的世代发生与危害，都是受了气候、生态环境的影响，尤其是气温寒暑的影响。而所谓的生物物候的推移，无非是一年一度地自然循环着、重复着，而这种循环式是没有内部机制来主动推动这种循环，它们是利用环境变动的，也是一种不变的外部表现形式。如果我们产生了这样的想法，那我们就缺乏辩证唯物主义思想，而落入机械唯物论的死胡同里去了。为此，学习物候学，利用物候学，都必须坚持马克思主义的辩证唯物主义观，用哲学的观点看待一切事物的发展变化，不仅要看事物的表面现象，更重要的是看事物的本质，只有这样，物候学才会有发展，有进步，才能更好地为农业生产、航空安全及有害生物控制发挥最大的作用。

一、生物物候的内在因素和外在因素

毛泽东在其哲学著作《矛盾论》中明确指出，我们"在人类的认识史中，从来就有关于宇宙发展法则的两种见解，一种是形而上学的见解，一种是辩证法的见解，形成了互相对立的两种宇宙观"。列宁说："对于发展（进化）所持的两种基本的（或两种可能的，或两种在历史上常见的）观点是'（1）认为发展是减少和增加，是重复；（2）认为发展是对立的统一（统一物分成为两个互相排斥的对立，而两个对立又相互关联着）'。"（《毛泽东著作选读》甲种本，第68页，1964年人民出版社出版）一年一度的生物物候现象，只是生物生长过程中的一个片段，如果我们认为生物物候的自然推移，完全是由于一年一度的寒暑循环，就是说由于外界的自然力的推动，这就是形而上学的看法，而辩证法的宇宙观则认为我们看问题要从事物的内部着眼，从一事物与其他事物的关系去研究事物的发展，正如毛泽东在《矛盾论》中指出的："事物发展的根本原因，不是在事物的外部而是在事物的内部，在于事物内部的矛盾性。"

我国唐宋时代的诗人从原始的、自发的、唯物主义的角度看生物物候的产生是由内在因素所控制的，所以，杜甫《腊日》诗："腊日常年暖尚遥，今年腊日冻全消。侵陵雪色还萱草，漏泄春光有柳条。"苏轼《惠崇春江晓景》诗："竹外桃花三两枝，春江水暖鸭先知。蒌蒿满地芦芽短，正是河豚欲上时。"这里我们可以看到，春天的柳条能告诉人们春光；水中的鸭子能先知江水暖，这些都表明物候推移是由内在因素决定的。唐宋朝诗人之所以能有如此直觉的感性认识，也是由于他们观察事物时周密与认真。如著名诗人陆游，他50~80岁时在浙江绍兴老家对物候做了认真的观测研究，几乎无时无刻不留心物候现

象。他在《枕上作》里道:"卧听百舌语帘栊,已是新春不是冬……"又在《夜归》诗里道:"今年寒到江乡早,未及中秋见雁飞。八十老翁顽似铁,三更风雨采菱归。"可见唐宋时代的诗人能亲身体会动植物物候推移的现象和本质,这种对物候的描述绝非偶然联想的,而是经过充分的观察研究获得的真知。

常言道:"蒲柳之质,望秋先陨。"比喻薄弱的东西,容易摧折,这里却说明了一个道理,即许多树木像水杨类,当寒冷天气未到以前,早已萧萧落叶了。植物之能"未雨绸缪",严冬未临,早作准备,不仅限于水杨类。这一现象十分普遍,因为植物不像动物可以移动或迁徙避寒,加之植物内部无调整温度的机制,所以必须有抗御严冬机理,从时间上做好抵抗不利气候的准备。一般阔叶树在夏末秋初的时候,初叶的叶端不再生长叶子,而成为芽鳞,这是为了使枝叶的生长点受到保护,不致受严冬的损害;一到春天这芽鳞又能重新再长枝叶。在初春未来之前,芽孢、花蕾已跃跃欲试。这完全可以证明毛泽东在《矛盾论》中指出的"唯物辩证法认为外因是变化的条件,内因是变化的根据,外因通过内因而起作用"(《毛泽东著作选读》甲种本,第72页,1964年人民出版社出版)。这些论断揭示事物的本质,为我们从事物候研究指明方向,现在我们先从推动物候的外部因素说起,以便更进一步认识事物的本质。

二、昼夜长短对于物候的影响

在前面所述的内容中,我们不止一次谈到影响物候的气候环境,但只说到温度一个条件,温度虽是外因中的一个重要因素,但绝不是唯一条件,而且有时昼夜长短、雨量多少等对于物候比温度更为重要。举例来说,候鸟如家燕、鸿雁等,它们一年一度地南来北往迁徙,过去人们大多认为这一现象是受温度的控制,每当春季来临,天气转暖,气温上升,大自然就会出现燕语莺歌的景象,鸟儿们会利用春天的时光,营巢养育雏;当气温下降果熟叶黄之时,寒潮侵袭,昆虫藏起来了,此时,夏候鸟都离开繁殖地,去温暖的南方地区越冬。所以,人们自然地把候鸟的迁徙和春秋两季气温的剧变联系起来。实际上起着外因阀门作用的并不是气温的升降,而是昼夜的长短。加拿大著名鸟类学家洛文教授,从1924年起曾费了20多年时间来证明这一点。他观察一种候鸟——黄脚鹬(Totanus melanoleucus)(图6-1),这种鸟每年往来于加拿大与南美洲阿根廷之间,春来秋往,长途跋涉一次要飞16000千米。据该专家长达14年的记录显示,这种鹬春天在加拿大繁殖产卵,时间十分固定,总是在每年5月26~29日的3天之内,因此,温度不应是鸟类和繁殖的主要原因。因为每年这几天的温度绝不会如此稳定,排除诸多因素后,该科学家最后认为:只有昼夜的长短这一因素每年是固定不变的。他在1924年的秋天,网捕了若干只雀形目的候鸟(Junko hyemalit)。把一部分鸟放在日常环境条件下生活,这时,冬季即将来临,一天比一天短,而把另一部分鸟放在用日光灯延长昼长的环境条件下,模拟白天光源,增加光照长度,人工地把白天时间一天比一天地延长。到了12月,前面一部分实验用鸟类A组很安静,而后一部分实验鸟类B组都大有春意,习性大变,不仅歌唱起来,而且内部生殖腺发展成春天状态。这时把它们放出来,凡是经过日光灯照的鸟类,全部向西北方向飞去,好似春天候鸟一样,虽然这时气温已降到零下20℃,而未经日光灯照的则大部分留在原地活动。科学家的这一试验证明候鸟迁徙的外在条件是昼夜长短,而不是温度的高低，但是决定因素还是候鸟内部生殖腺的膨大，外因是通过内因而起作用的。

图 6-1　对昼夜长短特别敏感的候鸟——黄脚鹬

　　白昼的长短对植物也一样可以起阀门作用。苏联彼得格勒地区一般不能种核桃树，因为 9 月间核桃树尚未落叶的时候，彼得格勒地区的严霜已来临，核桃树易受冻而死亡。但若在 9 月间于下午 3 时以后，把核桃树用柏油防水布遮蔽起来，使其不见阳光，则霜冻以前树已提早落叶，核桃树就可在彼得格勒地区正常成长，可见树叶凋零是受昼短的影响。过去人们一直以为只要温度达到一定程度植物就会开花，换句话说，就是有效积温到了若干度时便会实现开花。但植物学家们于 1920 年已发现植物有昼长植物和昼短植物之分。昼长植物如燕麦、黑麦、马铃薯、红花三叶草，昼短植物如菊花（图 6-2）、烟草、大麻和若干种大豆，前者只能在昼长夜短时期开花，而后者只能在昼短夜长时期开花。有若干植物如苹果、番茄、棉花、荞麦则无论昼长昼短均能开花。所谓昼长昼短其分界线在 12～14 小时。我们知道在春分和秋分时节，全世界各处都是昼夜各 12 小时。但是，在夏至这一天即 6 月 21 日，赤道上面虽然仍是昼夜平分，但在北纬 20°地方，如我国海南省的海口市，昼长 13 时 20 分；在北纬 30°地方，如杭州、重庆、拉萨，昼长 14 时 5 分；到北纬 40°，如北京、大同、喀什，昼长 15 小时 1 分；到北纬 50°，如黑龙江的爱珲、内蒙古的满洲里则达到 16 小时 23 分。更北到北极圈北纬 67°33′，夏至那天 24 小时都可以看见太阳。秋冬开花植物如菊花多为昼短植物，高纬度地方植物，大部分为昼长植物。

　　植物开花分为昼长昼短两种类型，这是一个重要发现，它一方面回答了古代贾思勰在《齐民要术》中所提的若干疑难问题；另一方面，有利于人类驯化和改造野生植物及培育新的品种，从而增加产量。同时，植物的生长发育分为营养阶段和生殖阶段，当人们掌握了这项技术，掌握了植物开花的类型，就有可能人为地提早或延迟植物开花期，甚至使植物长期存留于营养阶段而不进入生殖阶段。例如烟草，如果要提高该作物的产量，就尽量将其营养生长期扩大，就可以获得更多的烟叶，从而节约生产成本，增加农民收入。烟草

图 6-2 短日照的植物——菊花

原产于美洲，它生长在北纬 30 度的佛罗里达州北部，能开花结子，可是烟叶的质和量都不高，但是，当把烟草引种到北纬 38 度的马里兰州地区，由于夏天昼长，烟草徒长不孕，反而得到丰收。过去美国曾大量从中国、日本引种大豆（图 6-3），大豆开花是短昼型的，在华盛顿天然情况下，四类品种大豆，即"满大人""北京""东京"和"生牛"的开花期，从出苗算起，各为 25、55、65 和 95 天。但在人工控制短昼状况下，要 23 到 27 天，在时间上各类大豆生育期都有缩短，而以后两种尤为突出（威尔士著《作物的适应和分布》，第 235～236 页）。

图 6-3 北方当地产的大豆

三、热带地区的物候

昼夜的长短和气温的高低，无疑可以对生物物候起到一定作用的。值得一提的是，热带地区并无春、夏、秋、冬四季之分，通常只划分为旱季和雨季，植物也是有节奏地返青、开花、结果和落叶，这种现象，人们还是可以理解的。但是，靠近赤道、终年有雨的地方，植物也同样是有循环节奏的。生活在这一地区的广大人民群众无春、夏、秋、冬预告农时，他们便依靠野生植物在当地的生长变化，预测一年的物候，来指导农耕收获。例如马来半岛南部的农民把山道楝（Sandoricum koetipe）树开花作为当地水稻种植的重要标志，在太平洋西岸新号布里底群岛（在澳大利亚东北方）的土著人也有同样的习惯。英国海登（R. E. Holltum）教授，在新加坡搜集了许多关于草木的物候材料，新加坡地处南亚，一年四季最不分明，其气候几乎变化不大，而据他的观测，新加坡植物的生长也是呈周期性的，大多数植物的周期是一年，但是也有些植物为 9 个月，短一些的也有为期 6 个月的。由此我们提出疑问，在世界范围内，即使在四季如此不分明的国度里，植物也一如既往地有节奏地生活着，究竟是由于外在的环境关系呢，还是由于内部的生理作用？在热带干湿季很显著的地方，花木的枯荣代谢时期也并不与气候完全相符合，虽大部分是在雨季开花，干季落叶的。在北非洲大草原上有一种含羞草科植物（Acacia albida），在雨季时这种植物光秃、无叶片，要到干旱季节才生长出叶片。又如尼日利亚的许多草本植物，它们开始萌芽正是在干季节高潮期，而不是在雨季来临的时候。

生活在地球上的植物，它们为了适应不同的环境条件，各自形成一套独特的生存本领。因此，从外部形态看，它们的物候现象各有千秋，表现不同，但展示出的自然历是一致的。这需要我们去了解、掌握它们的变化方式，并利用其为人类生存、发展服务。

总之，在热带里，草木返青、开花情况要比温带更复杂，不如温带那么协调一致。有时甚至一株树上一枝在抽青，一枝在放花，而另一枝已在结果。这种现象在爪哇木棉树（Ceiba pentandra）（图 6-4）和杧果（Mangifera indica）上时常可以见到。另一种现象是聚生植物如兰科植物中的木石斛（Dendrobium crumenatum），经一阵雷雨可以霎时百花齐放，像这种现象的节奏性只能说明，雷雨不过是扳机作用，必须内部的生理状态已经成熟才能一触即发。这又是一个外因通过内因而起作用的例子。

图 6-4　爪哇木棉

四、植物开花的内在因素

人们在讨论推动动植物的内在因素时，必然会牵涉生物化学和生理学方面的问题。在这方面，有关植物生化方面的文献已是很多了，限于篇幅，对此我们只作简单的阐明，辅以说明物候学中的辩证唯物主义观点，所以在这里粗浅地谈一下，植物开花的内在因素变化。1865 年德国植物学家萨哈（J. Sach）用实验证明，在阳光照耀下，植物能生长"成花"的物质，而且可以储藏于植物体内。当时这一推论已十分前沿，在此后的 150 多年内，植物学家在长期的观察、研究中，对植物开花的机制有三个重要的发现：①春化现象；②光周期现象；③植物激素和酶的作用。毛泽东在《矛盾论》中指出："……辩证法的宇宙观，主要地就是教导人们要善于去观察和分析各种事物的矛盾的运动，并根据这种分析，指出解决矛盾的方法。"（《毛泽东著作选读》，甲种本，第 37 页，1964 年人民出版社出版）科学家的这三个发现，均从植物发展中内在的矛盾得出来。冬小麦（图 6 - 5）在温带或亚热带里必须在秋季下种到第二年春天方能开花，如在春季下种就不能吐花、结穗，而春小麦却是可以的，这是一个内在矛盾。19 世纪中叶，已有人试验把发芽的冬小麦种子冷藏在 1℃～6℃过冬，到春天下种，便能开花。不但冬小麦如此，冬黑麦也是如此，有些花卉也是如此。植物的这一试验证明，名之为春化作用，用人工方法可以解决这一矛盾，春化使植物从营养时期进入生殖时期，好像人从幼年时期进入青年时期一样。

图 6 - 5　生长在北京地区的冬小麦

然而，在自然界，低温不是唯一能促进春化的因素。对于短昼植物如冬小麦，缩短光周期，人为地使昼短夜长，也可得到同一结果。而且光周期缩短对于不同的植物，短昼或长昼植物的开花期有相反的结果：它可抑制长昼植物花的开放，但是它却促进短昼植物的放花。光周期的延长，一般对长昼植物起促进作用，对短昼植物产生的结果恰恰又相反。这一事实就告诉我们一个道理，这种现象表现了植物的内在矛盾，即一面互相对立，另一面又互相联结，这种现象可称为矛盾的同一性。

植物经光照后，能在植株内产生一种物质，这种物质使其生长繁殖。上述现象在18世纪已经得到德国植物学家萨哈验证，但是直至1926—1928年，才在燕麦的种子尖端发现了这种植物生长激素（Auxin）。随着化学合成技术的快速发展，不久人造的生长激素即大量合成，并批量生产，它的应用使农业和园艺产生革命性的变化。例如成花激素（Florigen）也于20世纪50年代初在菊科植物中发现，而且从植物中提取的催花素喷洒剂已广泛应用于人工催花。在夏威夷岛人造催花剂，还大量应用于荔枝和菠罗蜜果园中。成花激素是一种脂肪酸，一经产生它可以从这一部分流向其他部分，因此影响全株的生长发育。

春化作用和光周期现象，在自然界中都是促进植物从营养时期进入生殖时期重要的催化阶段，而它们在植物中之所以起作用，是和外界因素密切相关的，这里要说明的是日光的光化作用与土壤的营养作用无关的。植物内部自有一种机制，若这种机制未到一定阶段，即使它们有温暖的气候和丰富的营养供应，也不会进一步发展。在光周期作用下，黑夜的长短起了主导作用，漫漫长夜对于短昼植物是可以起催化作用的，但一经红光照射，便很快失效，产生相反的作用。其所以如此乃由于植物内部有一种色素（Phytochrome），这种色素已于20世纪60年代初被植物生理学家，用化学的方法分离出来，这种色素是一种蓝绿色的蛋白质，是一种激素（Hormone）。这种激素在植物体内以两种状态贮存着，一般称为P_1与P_2。P_1对于短昼植物开花有促进作用，而对长昼植物起抑制作用，P_2则相反。植物在黑暗中时间久则P_2变成P_1，但是若经红光（波长0.66微米）照射，P_1又变成P_2，红光波长若长到近于红外线时（波长0.73微米），则又起相反作用。可用方程式表示如下：

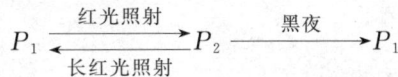

$$P_1 \underset{\text{长红光照射}}{\overset{\text{红光照射}}{\longleftrightarrow}} P_2 \xrightarrow{\text{黑夜}} P_1$$

P_1与P_2的互相转化也就是毛泽东在《矛盾论》中所指出的，矛盾的同一性的第二种意义："事情不是矛盾双方互相依存就完了，更重要的还在于矛盾着的事物的互相转化。这就是说，事物内部矛盾着的两方面，因为一定的条件而各向着和自己相反的方面转化了去，向着它的对立方面所处的地位转化了去。"植物开花的内在机制很清楚地为《矛盾论》做了科学的验证注脚，并且这一内在机制对于植物的生存繁殖非常重要。

五、鸟类的迁徙

在动物界中，有很多种类具有季节性更换栖息地的现象，这种迁居的现象称为迁徙（migration），自古以来，这一现象一直是动物学研究的一个重要热点问题，早在2000多年前的亚里士多德的著作中就已经有鸟类迁徙的问题；我国战国时期，大约在公元前230年的《吕氏春秋》中，已有"孟春之月候燕北"的记述。鸟类迁徙之因是至今人类没有完全解开的谜，众说纷纭。因此，这一问题也成了物候工作中很难解答的一个问题。每年春天当燕子归来，回到老家以前，它是在我国南沙群岛及南洋热带地区度过冬天的，千里迢迢，它如何在归途中辨认方向？这始终是一个谜，是科学家一直想解决而未能解决的问

题。在未来结合生物化学和生理学，并在对生物机能研究的发展以后，这一问题才有从根本上解决的可能。为了认识解决这一问题的途径，我们先说一说恩格斯对于生物学上几个重大问题辩证唯物的看法，尤其是他对于生命秘密的看法，和对生物进化依据的看法。对于第一个问题，恩格斯认为："……有机细胞是一切有机体（最下等的有机体除外）在其繁殖和分化下产生和成长的一个单位。有了这个发现以后，有机的、有生命的自然产物的研究——比较解剖学、生理学和发生学——才得到了稳固的基础。于是有机体产生、成长和构造过程的秘密被揭穿了。"关于第二个问题，恩格斯说："……对植物和动物的胚胎发育的研究（胚胎学），对地球表面各个地层内所保存的有机体遗骸的研究（古生物学）。于是发现，有机体的胚胎向成熟的有机体的逐步发育同植物和动物在地球上相继出现的次序之间有特殊的吻合。正是这种吻合为进化论提供了最可靠的根据。"前者是说细胞是一切生命秘密的源泉，后者是说个体发育和种系发育是极类似的。

　　1920 年，光周期现象（Photoperiodism）的发现，为我们研究候鸟的导航机制提供了一个重大线索。经生理学家和生态学家的研究，知道动植物随昼夜的循环往复，有一种近于 24 小时的节奏，如绿藻的细胞分裂、果蝇的蜕皮、提琴蟹的变色，以至于人类体内血液中铁素多少、体温升降、血压高低等，均有近于 24 小时（Circadian）的节奏。这一节奏是内在的，而且是世世代代遗传的。把动植物放在几百小时全是黑夜的状况下，这 24 小时为期的节奏仍继续着，其周期是近于 24 小时，而不是正好 24 小时。有了这一机制，有机体能很精密地衡量时间。蜜蜂在受训练后，能在 24 小时内，在三个不同时间、三个不同方向找到提前安置的食物。蜜蜂不但能记得方向而且能记得时间，鸟类也有同样的本能。实验证明候鸟白天是以太阳位置来导航，而晚间是以星宿位置来导航的（图 6-6）。

图 6-6　初春从黑龙江扎龙迁徙江苏盐城沿海的丹顶鹤

　　植物也有 24 小时的生活节奏，从这些现象看，时间是植物的最主要的参数，而这周期是不受环境、温度这类外部条件影响的。当然，截至目前，动植物的这种节奏机制的生理性质，还没有被生理学和生物化学研究方面的一致认同，但有一点已经被证实，即有机体内部的核糖核酸（RNA）的合成如发生问题，则节奏会受抑制，这也证明机制并非在有机体某一部分，而是在整个有机体的细胞中。如抑制或改变有机体某一部分 24 小时节奏的机制，不影响有机体其他部分的 24 小时的节奏。候鸟如燕子能够日中以太阳导航，晚间以星宿导航，飞行数千公里，迁徙的路线基本不变（除大风或其他恶劣天气造成迁徙鸟类被风吹离迁徙路线，成为迷鸟，一般某种鸟类的迁徙路线不会有大的变化），这有点像小说《西游记》里的神话，却为科学实验所证明，而要揭开这个秘密也要从细胞中去找，正如恩格斯于 120 多年前所指出那样。

知道星宿、太阳位置和时间的关系（不仅指昼夜的关系，也包括春、夏、秋、冬的关系）可以使候鸟认识方向；但是，一只雏燕，出世仅 3～4 个月即羽翼丰满，秋天一到，在繁殖地的家燕群中，老燕并不与亚成鸟燕子一起成群飞向南方，它们要远渡重洋到从未问经过的地方去，它如何能认知途径呢？要回答这个问题，就得牵涉上面所说的第二点了，生物学上早经发现"个体发育（Ontogeny）是种系发育（Phylogeny）的缩影"。《庄子·逍遥游》说道："朝菌不知晦朔，蟪蛄不知春秋。"这是比喻动植物生命的短暂。人类虽长寿，其岁亦不过一百来年；而种系集体生命却非常长，在地球上自从古生代泥盆纪以来即有鱼类，可知脊椎动物在地球上已有三亿两千万年左右的历史。在这漫长时期中虽有几千万世代前仆后继，老幼相互传递，无数个体虽死亡，但细胞内部的 DNA 物质能把生命经历牢牢记住，遗传给下一代。以人的胚胎为例，"在胚胎发育的第三周到第四周，人的胚胎非常像鱼，手和脚很像鱼的鳍，头部的两侧有许多腮沟，很像鱼的鳃裂。这从一个侧面表明了人类的动物祖先还经过了鱼类的阶段。初受孕的人胎都有尾巴，在第 5 周期到第 6 周期时最长，几乎有 10 个尾椎骨。以后尾巴末端的一些尾椎被吸收掉，游离的尾巴逐渐缩短，以至完全消灭，残留的几个尾椎彼此接合在一起形成了人体内的尾骨"。从上述现象看来，生命的有机体细胞是能存贮无数代个体的经验和信息的，在后来的进化过程中，它们又分别加以废置、应用或进化。

候鸟的祖先据说自第四纪冰川时代起已经每年春来秋往，距今已经数百万年至一千万年了。在这期间候鸟细胞中 24 小时节奏的机制，已与其一年一度的迁徙习性形成了有机的结合，被一代一代遗传下来，且这种技能的机制存在于细胞之中，因而成为一种先天的感觉技能，好像哺乳类的蝙蝠能以超声波来辨别距离那样。生物细胞的直径一般不超过几十个微米，这是生物界在亿万年的进化过程中逐步形成的，关于遗传信息的编码、存储和传递的机制，就存在于其中。据生物化学家的研究，脱氧核糖核酸（DNA）是细胞中携带遗传信息的主要工具，而哺乳动物每一个细胞有一百亿个以上的核苷酸结构单位。人类要模拟细胞的机制需要成立一个崭新的学科，即仿生学（Biotoca）。

第七章 我国发展物候学的展望

在 1949 年以前，我国的物候学研究很少受到人们重视，没有专业的人员和队伍，只有少数几个人在进行零星的观察与研究，其研究、观测资料记录时间短、不系统，而且这方面的专业理论几乎为空白。后来，随着各行各业的发展，特别是农业气象学工作的开展，各地才有农作物的物候观测，且对自然界的物候观测。在江苏省盐城建湖、东台、兴化等地，有许多物候出版专著，如《物象测天》（1977 年，农业出版社出版）、《江苏东台沿海滩涂物候与农事》（1978 年东台弶港镇农科技术人员施泽荣等，编写）。在许多观测人员中，他们既从事气象、农业技术，也兼研物候观测。建湖县物候观测小组整理记录的资料虽然年代不长，但综合起来加以分析，还可以看出一些规律性的东西。笔者从 2000—2017 年，在北京房山区、江苏东台市、安徽合肥市及广州白云区（2010—2017 年）连续对 23 种植物进行物候观测，从现有资料看，在预测鸟击灾害及机场有害生物防治方面，已经取得显著的成果。

一、近代物候工作成果

从现有的物候资料看，我国从 1934 年起，原中央研究院气象研究所选定植物和动物的种类，委托各地农事试验场的农情报告员兼任物候观测，这是我国最早有组织的物候观测。1937 年抗日战争爆发，观测停顿，所以仅有 1934—1936 年的三年记录，其观测结果曾有报告发表。在此以前，个别对物候有兴趣的人也常在日记中记录物候现象。作者之一曾有 1921—1931 年（1926—1927 年缺）的南京春季物候记载。自 1953 年 3 月中国科学院地球物理研究所与华北农业科学研究所合作，开展冬小麦生长发育农业气象条件的试验工作，才开始有冬小麦的物候观测，继而又进行了棉花和水稻的物候观测。1957 年 1 月中央气象局、中国科学院、中国农业科学院三方面合作，把农业气象工作范围逐渐扩大至全国各地，于是农作物的物候观测工作在全国范围内有了发展。中国科学院地理研究所曾于 1957—1958 年在北京西郊进行过多种植物的物候观测。自 20 世纪 50 年代初至 70 年代初期，每年有北京地区、江苏盐城东台地区的春季物候记载。1961 年秋季，中国科学院地理研究所、中国科学院植物研究所、北京植物园 3 家会商就有关物候观测事项，初步达成了已知的意见，并制定物候观测方法草案，确定国内各地区共同的物候观测种类（木本植物 33 种，草本 2 种，动物 11 种）。1962 年春季，地理研究所会同北京植物园选定颐和园为背景物候观测点，对物候植物进行观测，并于同年夏季会同植物研究所、北京植物园，以函的方式邀请各省市的有关单位协作，建立物候观测网，采集更多的物候信息，扩大物候对农业的指导，初步形成全国性的物候观测与研究工作。各协作单位按照统一的物候观测方法（草案）于 1963 年开始观测，所选定的观测植物，多数单位曾采取标本，送到北京植物园鉴定学名。1963 年的各地区物候记录，当年正式出版。在 1969—1971 年，除北京颐和园观测停顿三年（1969—1971 年），全国各省大部分单位仍进行日常的物候观测活动。1972 年春，中国科学院地理研究所恢复北京颐和园的观测工作，重行组织物候观测网，并于 1973 年春开始进行正常的观测记录。《中国动植物物候观测年报》第 2 号（1964—1965 年及附篇）和第 3 号（1966—1972 年）已于 1977 年出版。《中国物候观测方法》已于 1979 年出版。2000—2010 年，本书编著者在首都机场附近的苇沟地区，选择白蜡、垂柳、榆、榆叶梅、杨、构树、合欢、刺槐、紫薇、悬铃木、苦楝、核桃、柽柳等 13 种植物，设立 23 个观测点，进行详细的观测。同时，对夜鹭（图 7-1）、池鹭和小白鹭的迁出、迁入与物候的相关性进行观察研究。根据这些年代不长、记录不多的物候资料，已经可以看出我国物候季节变化的规律性，以及物候记录对农业生产和机场鸟击防范所起的作用。

图 7-1　物候观测鸟类——夜鹭

多年来，人们对自然界的物候记录，在我国以北京和南京两地年代较长，虽然北京各年的气候条件不同，物候现象出现的日期有前有后，但是每年春季来到，北海最先解冻，然后草木先后出叶、开花。以所观测的植物来说，每年山桃开花较早，杏树开花在山桃之后，紫丁香开花又在杏树之后，洋槐开花较迟，它们的开花期，是有一定顺序的，但没有像二十四番那样整齐，因为二十四番花信风并不是严格依据劳动人民从实践经验记录下来的，而是经过一些文人按五天一候均匀安排出来的。动物的季节现象，也有一定的顺序，例如每年春季候鸟的北来，燕子总是在布谷鸟之前，而且燕子到来的日期每年变动很少。北京楼燕成群到来总是在阳历 4 月 21 日前后，即谷雨节左右，见表〔《北京春季植物开花的温度总和及相关系数表（1950—1961 年）〕所列。家燕到上海地区总在春分节，所差不过 1～2 天而已。北京近 24 年（1950—1973 年）来的变化早迟顺序，就可以一目了然。南京的物候现象变化也有一定顺序。这种物候变化的规律，不仅北京和南京是这样，其他地

区也是如此。

从前文所展示的北京地区近24年（1950—1973年）的物候现象变化曲线，发现各种物候现象的变化每年有一定的先后顺序，而且各年各种季节现象出现早迟的变化是有周期性的。如1956年、1957年和1969年物候现象都推迟，这几年为太阳黑子（图7-2）活动最多年，约为11年上下一个周期。20世纪以来，物候现象的周期性波动与太阳黑子变动多少有关，即太阳黑子最多年为物候特迟年，苏联、日本的物候记录也是如此。唯本书前面提到的英国马加莱总结分析马绍姆家族，19世纪记录诺尔福克地方的物候所得出的结论是：1848—1909年时期，太阳黑子数多年为物候特早年。这表明太阳黑子与地面上某一处的气候和物候虽有关系，但影响是复杂而不是单纯简单的，其机制迄今尚未研究明白，有待进一步研究探索。

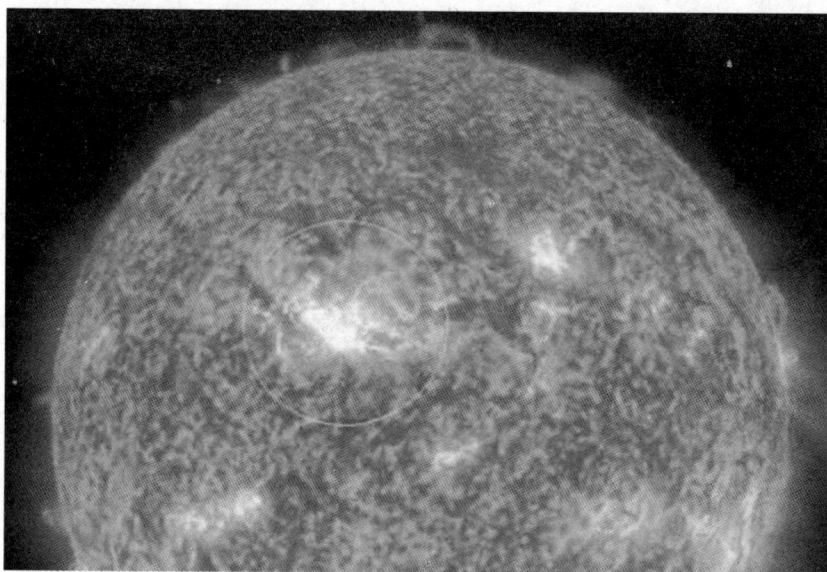

图7-2 太阳黑子耀斑

在一年里，有四季的划分，从气候看，寒来暑往，初看好似简单地循环，其实自然界是不停地发展，而不是简单地重复。这种每年以相同方式有规律地交替，不但是周期性的，而且是循环性的。实际上这里不仅仅是循环和重复，因为这些树木是在不断地生长和发育，在每个秋季，它们的树高、树茎，叶片的大小、厚度，甚至树茎的表皮颜色等，与上一年并不一样。换句话说，在循环中包含进步发育、不能颠倒和不能重复的因素。自然季节现象每年是有顺序地出现，而不是单纯地重复的原因，主要由于各年气候条件有不同的变化，而植物的生长发育主要是随着内在机制的变化而变化的。所以，我们年复一年地观察季节现象变化，对研究植物而言，这是十分必要的。

上面简要地说了若干年的物候观测记录，在实际生活中，一般利用这些物候资料，就可以制定一个自然历。表7-1是我国20世纪70年代中科院的一些物候专家在北京和南京两地多年的春季所观测记录以及得出的平均日期。将来观测年代稍久以后，动植物的物候日期虽会略有变动，但是各种物候先后的次序是大致确定的，在正常情况下，不会发生大的突变。

表 7-1 北京和南京春季物候现象的比较

物候区 ＼ 时间	物候现象	平均日期（观测年数）		最早日期	年	最迟日期	年
北京	北海冰融	3/12	(24)	2/24	1959	3/29	1956
	山桃始花	3/29	(24)	3/18	1963	4/8	1969
	杏树始花	4/4	(24)	3/25	1963	4/13	1957
	紫丁香始花	4/15	(24)	4/4	1973	4/25	1956
	燕始见	4/21	(20)	4/12	1955	4/25	1965
	柳絮飞	5/1	(23)	4/24	1959	5/9	1956
	洋槐盛花	5/8	(18)	5/3	1960	5/14	1956
	布谷鸟初鸣	5/23	(15)	5/12	1961	5/28	1962
南京	杨柳绿	3/17	(4)	3/14	1922	3/22	1924
	桃李盛开	3/31	(6)	3/28	1928	4/7	1924
	燕始见	4/3	(5)	3/29	1922	4/10	1929
	碧桃盛开	4/5	(5)	3/27	1930	4/12	1925
	紫藤开花	4/15	(5)	4/11	1931	4/17	1922
	梧桐出叶	4/18	(4)	4/15	1931		1924
	柳絮飞	4/22	(5)	4/18	1929	4/24	1922
	洋槐盛开	4/29	(8)	4/22	1930	4/24	1924
	樱桃上市	5/2	(8)	4/28	1929		1925
	布谷鸟初鸣	5/5	(6)	4/30	1931	5/4	1925
						5/10	1925
						5/13	1925

比较表 7-1 中北京和南京两地相同植物的花期、相同候鸟的始见期和初鸣的平均日期，就可以看出它们之间的变化，这种变化有如下的规律性：

(1) 北京的柳絮飞（5 月 1 日）比洋槐花（图 7-3）盛开（5 月 8 日）早 7 天，而南京的柳絮飞（4 月 22 日）比洋槐花盛开（4 月 29 日）也早 7 天，两个地方相差的天数完全一致。北京的柳絮飞比南京迟 9 天，北京的洋槐花盛开也比南京迟 9 天，相差的日数也相同。从这里可以看出，北京和南京这两个物候现象的出现是有规律的。

(2) 南京地区的家燕始见（4 月 3 日）后，过 32 天开始听到大杜鹃（布谷鸟）始鸣；北京地区的燕子始见（4 月 21 日）后，也是过 32 天大杜鹃始鸣。燕子和大杜鹃到北京地区比到南京地区迟 18 天。由此可知，这两种候鸟，春季到南京和到北京是有一定规律的。由此，我们可以推出每年鸟类迁徙的时间、群量及高危种群量等信息，从而为机场鸟击防范提供适时的防范与治理时期，为飞行安全提供科学依据。

表 7-1 中列举的内容，也就是北京地区和南京地区的春季自然历好比是一把尺子，可以衡量各年春季来临的早迟，这对于指导北京和南京附近地区农业生产有相当重要的作用。不仅如此，有了这两个地方的春季自然历，临近地区只要有年代不长的物候记录，也

图 7-3　物候植物——刺槐树（俗称洋槐、钉子槐、槐树）

就可以推算制定当地的自然历。

　　农业气象学要对农业有所贡献，它不仅预报气候，更重要的还必须预报物候。农业气象要研究农作物的物候学，就是要看作物外部形态的变化，同时分析哪些气象条件对它是有利的，哪些气象条件对它是不利的，这样才可以决定适宜播种期以及其他农业技术措施。农作物的物候观测，就是看农作物在气象条件影响下外部形态上的变化，对禾本科作物，例如小麦和水稻（图 7-4），就是看出苗、分蘖、拔节、抽穗、开花等发育期出现的早迟以及状态的变化。所以，农作物的物候不仅是农业气象工作的一个重要方面，也是物候学研究工作的重要内容之一。

图 7-4　大面积栽培的水稻

在农事活动中，人们要决定农作物的播种期，不但要看当时气象条件能否播种，还要看农作物生长期间会出现哪些不利的气象条件，在哪个发育期可能会影响产量。这就要根据整个生长期的物候资料来调节播种期，使作物的发育期提早或推迟，以避免不利气象条件的影响，从而达到高产。经农业气象方面的试验研究，已明确了各种作物适宜播种的很多关键时期。自20世纪60年代以来，虽然兼作套种有所改变，但是几种主要作物与气候条件的关系，并没有多大的变化。我们可以从下面的几个例子看出这个问题：

冬小麦是我国北方的主要粮食作物。关于小麦的播种时间，各地都有相关的农谚，江苏沿海地区、苏中地区是"立冬到霜降，种麦正当相（相宜之意）"；河北省农谚是"秋分到，种麦告"。可是经过试验研究和对物候资料的分析，北京地区冬小麦的适宜播种时期，约在9月下旬左右。但是，事实上直到10月下旬都可以播种冬小麦，只是播种越迟，产量越低。因此，在这一时期里，又可分为最适宜、次适宜和最后的播种期。三个不同播种期有三种不同温度指标。一般每年可看天气条件按物候或温度指标决定播种日期，而不宜固定在秋分节播种。南方冬小麦的播种期比北方迟，根据南方地区试验的结果，半冬性品种冬前生长有3～4个分蘖（不包括主茎），产量最高，播种期一般在霜降前。春性品种以有1～2个分蘖进入越冬的产量较高，适宜播种期在立冬左右。具体的播种日期，要视当年的物候指标或当年的气象条件等而定。

水稻为我国南方的主要粮食作物。南方可种植双季稻、早稻和晚稻，因种植季节和地区不同，所要求的气象条件也是有很大差别的。华中地区考虑早稻播种期的早迟，第一要避免烂秧；第二要避免孕穗抽穗时期受低温的影响，减少空壳率。如湖南长沙地区就要使早稻在6月20日左右抽穗扬花，才可以错过5月下旬该地区可能出现的低温危害；同时，避免6月中旬前的雨季和6月底较大的南风带来的影响。所以，播种期要抢在"冷尾暖头"这一阶段，这一时间一般在春分前后。由于地区不同，早稻播种期所要注意的问题也就不同，如沿海的福建省福州地区，早稻开花期一般是在6月上中旬，但是这时期该地区多阴雨，常使早稻开花受到影响。如果把插秧期提早到4月上旬，那么，开花期也就提早在6月上旬，这就可以避免阴雨对开花的影响。至于种植双季晚稻应该注意的问题，与双季早稻又有所不同。如江西省上饶地区，晚稻开花期间要求的温度比较早稻要低，假如播种早了，水稻在开花期间遇到高温，空壳率就要增高；如果播种迟了，就会导致生长期缩短，营养物质积累少，而且在开花期间又很可能遇着低温的危害，从而影响受粉。最理想的生长期，要使晚稻有50天的秧龄，插秧以后，在9月里抽穗开花，这就可以躲过高温和低温对开花的影响。为了满足上述要求，江西省上饶地区的晚稻播种期，以在5月中旬到6月上旬最为适宜。

北方地区水稻栽培管理和增产措施，一般与南方地区也有很多不同之处。北方也有烂秧现象，但其发生原因与南方是有区别的。南方烂秧主要是由于阴雨低温，而北方则由于早春温度急剧变化，霜冻为害。如提早播种，可有各种措施，过去有些地区设置塑料薄膜、风障等防寒设备；近年来，有的采取旱直播，改变过去的插秧办法；也有使用"增温剂"，防止烂秧。抽穗和开花期间的低温，北方也是需要避免的，如北京地区就要使水稻在8月25日前抽穗齐全，才可以躲过低温的影响，保持稳定的产量。水稻品种不同，育秧、插秧到齐穗经历的日期也不同，这就要有物候资料，了解各个品种在各个地区生长期

的长短，发育的快慢，才可以决定播种日期。

关于棉花的播种期，现实中，农谚"看枣树发芽而种植棉花"对华北地区还是适宜的。把节气作为棉花（图 7-5）播种期的依据，南方和北方相差的日期似乎不多，这是因为每月只有两个节气，不是以靠近前一个节气为准，就是以靠近后一个节气为准，因此，相差的日期就不明显。如果仔细研究各个地区棉花的播种适宜日期，还是不相同的。华北棉花如播种过早，出苗反而比适时播种的迟，早出的苗也容易遭受霜冻。根据气候条件的分析，北方棉区当耕地 5cm 深度，一候（5 天）平均地温为 12℃时，是棉花播种的最适宜时期。北京地区要使棉苗在春季霜冻结束后出土，就以 4 月 10～20 日为播种适宜期。山西省太原地区的棉花适宜播种期比北京略迟一些，以气候平均状况来说，一般以 4 月 15～25 日最为适宜。陕西省关中地区春季气候的转暖比北京地区要早，因此，棉花的适宜播种时期也要比北京早一些，一般情况下，最迟要在 4 月 10 日以前播种。至于各年的具体播种日期，还要视物候的早晚而定。棉花播种期的指标植物，在当地选择紫荆始花期，这时也是棉花播种的适宜时期。

图 7-5　江苏沿海地区大面积栽培的棉花

从以上的例子来看，近年来，应用物候资料的分析，我国南北各地小麦、水稻、棉花的适宜播种时期已得出科学上的合理根据，较过去有所进步。物候资料的作用，不仅仅在此，根据物候资料的应用，还可以打破常规，在某一特定时期播种，使产量提高。例如华北农谚："麦子不分股，不如土里捂。"这句农谚的含义是秋季种麦迟了，在当年越冬以前就不能分蘖，还不如更迟一些日子播种，使种子埋在土里当年不出苗，到第二年春天再出苗。这是农民在生产实践中总结出来的经验，是值得我们重视的。但是，究竟在什么时候播种的麦子，冬季前不分蘖；什么时候播种的麦子，冬季前不出苗呢？农谚没有特别指明。根据实验（1953—1956 年），在北京的气候条件下，10 月 15 日以后播种的小麦大都不能分蘖。11 月初，即在土壤快要冻结的时候播种的，也就是在冬小麦的发育起点温度

3℃以下的时候播种的，冬季以前大都不出苗。冬前不出苗的会在第二年出苗，它的有效分蘖数、每穗小穗数、穗长和千粒重都比冬前只出苗而不分蘖的更加优越些。

青海、新疆一些重要区域以往是种植春麦的地区，几年前曾应用上述类似试验获得的经验，把有些地方原来是春播的麦子，提早在头一年近冬播种，既调剂了劳动力，又获得了较高的产量。这样做为什么能够增产，作者也曾经探索过。依据 1959 年冬到 1960 年春在北京地区进行的小麦冻土播种与春播的比较试验，经过观察分析发现，冬播的小麦种子在土里经过低温锻炼，生活力增强，到了第二年初春，天气转暖，就会很快出苗，根部又正好能充分吸取刚解冻的土壤中的水分，因此，茎秆粗壮，穗大粒多。而春播的小麦，播种以后，要经过若干天才能出苗，这时天气已暖，在很短的时间内即通过春化阶段，小麦植株干物质的积累便不如冬播的多。因此，冬播的产量比起春播的可提高 20%。青海、新疆把小麦春播改为冬播之所以能够增产，理由都是相同的。这都是由物候观测得出的科学依据。

上面所谈的是农作物播种期间的物候问题，至于农作物生长发育的快慢，也是有一定的规律性，有关这方面的内容前面已经谈到过。北方地区小麦生长期较长，南方地区小麦生长期较短，产量有高低的不同，这是因为北方秋季温度迅速下降，冬季较冷，小麦须经过冬眠，到第二年春暖才恢复生长，而南方小麦无明显的越冬期，在每年的冬季，地下部分仍在徐徐生长，到了春季，温度又迅速上升，地上部分也就迅速生长。因此，南方小麦发育快，北方小麦发育慢。除此之外，小麦具有生物学特性，在低温条件下分蘖多，在高温条件下分蘖少，故在一般情况下，北方小麦的分蘖多于南方，又因为生长期长的干物质积累多，生长期短的干物质积累少，所以，北方小麦的产量、品质等一般都好于南方地区的。

以上所说的都是单独一种作物的物候问题，自 20 世纪 60 年代以来，随着农业科学技术的进步，我国的农业生产打破常规，兴起间作与套种的耕作制度，增加复种指数，对增加单位面积产量，起了显著的作用。同时，对于劳动力的闲忙，也起到了调节作用。在实行间作套种的基础上，广大农村技术人员和生产一线的农民利用新的技术，结合当地的气候条件，在很多地区将耕作制度由一年一熟制，改为一年两熟，甚至三熟。例如，一年三熟制近年在上海郊区迅速发展。上海郊区的农业技术人员在郊区宝贵的土地上积极挖掘生产潜力，在精耕细作、提高耕作技术的同时，改单季稻为双季稻，改两熟为三熟。自 20 世纪 60 年代以来，该地区利用物候技术，三熟制得到了很好的发展。一年三熟的作物所需的生长天数多，茬口重叠，这就要抓住几个中心环节：一是，充分利用当地的气候条件；二是，选用早熟高产品种，缩短生长周期；三是，合理调节作物的生长期，适时管理，合理利用水肥。同时，积极运用物候的知识指导生产。他们的耕种方法是在一年中采用"两水一旱"（两季水稻，一季旱作物），或"两旱一水"（两季旱作物，一季水稻）的形式，因地制宜地合理安排茬口。这一耕作制度，一度在北京地区也得到积极的推广，一年三熟耕作制，为提高农业产量，节约生产成本，做出贡献。

在小块土地上调节种植方式，获得多产、高产，山西省昔阳县大寨大队是显著的例子，他们充分利用地力，合理安排种植，间作玉米和豆子，产量大大提高。又采取高埝种地瓜、低埝种植麻，前期撒菜的办法解决了种玉米和地瓜、种菜、种麻之间的矛盾，把原

来种瓜、菜、麻的 10％的土地，也全部种了高产农作物。这些办法具体来说，就是在垛高40～45cm 的地块种玉米时，靠边第二行间种窝瓜，使瓜蔓吊在垛上；在 40～45cm 垛高以下的地边种上小麻，既产油料又收麻皮；在播种玉米时，撒一些白菜籽，利用玉米前期苗子小的空间，充分利用空间和光线，收一茬蔬菜。此外，在谷子地里带种高粱和小豆，群众叫作上下"三层楼"，远看是高粱，近看是谷田，蹲下看是小豆。这样做既提高了粮食产量，又满足了广大村民对农产品的多层次需要，提高农产品的竞争力，增加收入。因此，广大农民口中传有几句话："科学种田就是好，五谷杂粮丰收了。高垛吊窝瓜，低垛种小麻……夏天有白菜，秋天摘窝瓜。"乍一看这似乎是种植的问题，实际上这里包含物候的问题。大寨地块零碎，很多地埂地塄应该加以利用，如何充分利用地力，因地制宜，因时制宜，合理安排种植，这是科学种田需要解决的一个重要课题。他们采取瓜、菜、豆、麻不专种，地边、地垛、地角、水渠埂不空闲，多种了高产作物又多收了小麻、小杂粮和蔬菜，这就是利用气候条件，适当安排间作，在种植中巧妙地解决了物候问题，获得了成果。

又例如广东省潮安县陈桥村，人多地少，他们发挥主观能动性，开展间作套种的科学实验，提高土地利用率。1971 年间作套种形式 20 多项，作物 20 多种，复种指数达361％。并在小面积土地上创造一年八熟的经验，介绍如下：

八熟是八种作物的间套种，主作物是芋（图 7-6），在第一年小雪后种，到第二年白露收获（生长期 290 天左右）。由于冬季气温逐渐下降，芋早期生长慢，所以在芋畦的一边间种黄瓜（小雪后种，立夏收获，生长期在 166 天左右），另一边间种青蒜（小雪后种，清明收获，生长期在 135 天左右），并利用芋株间的空隙地，撒播油菜（小寒种，雨水收获，生长期 45 天左右）。立夏之后，气温很快上升，芋生长迅速，因此，停止间种其他作物。大暑之后，气温又降低，芋生长缓慢，在芋畦的一边种菜豆（大暑种，秋分收获，生长期 82 天左右），另一边种地瓜（大暑种，第二年雨水收获，生长期 230 天左右），大暑后在沟底插晚季稻（大暑后插秧，立冬收割，生长期 127 天左右）。芋、菜豆收获之后，只剩下地瓜和晚稻。寒露时在地瓜的一边间种芥菜（寒露种，第二年大寒收，生长期 100天左右），地瓜到第三年的雨水收获（生长期 230 天左右）。因此，从第一种作物播种，到第八种作物收获，实际经过 1 年又 3 个月的时间。这也是运用物候知识，在不完全熟习各种作物的生长期和习性的基础上，合理安排茬口，科学管理获得 8 种作物的高产。

再看湖南省黔阳地区的农业生产，当地广大农业技术人员利用气候资源，调节播种期，克服灾害性天气，改变耕作制度，改一年一熟为两熟，多至三熟。据湖南省黔阳地区农业气象试验站的经验总结，在夏秋期间锋面位置多偏北，该地区受副热带高压的控制，盛行偏南风。这一地区由于长期受副热带高压控制，下沉气流较盛，多晴朗天气，温度高，湿度小，南风大，再加上该地区地形南高北低，南北形成一条狭道，形成狭管效应，故偏南气流越山下沉绝热增温产生焚风效应，使得大风显得格外干热。此时该区正值中稻抽穗扬花，遇上这种天气，中稻就不能很好受粉，易形成空壳秕粒，以至大大减产。群众称这种天气为"大南风"。9 月中下旬至 10 月上旬，正是双季晚稻和三季稻抽穗开花期，冷空气开始活跃，温度日趋降低，常常出现日平均温度等于或低于摄氏 20℃的低温期，最低温度等于或低于 15℃的低温天气，或连续阴雨 5 天以上的天气。这样的天气对晚稻和三

图 7-6　南方地区栽培的芋（北方称之为芋头）

季稻抽穗扬花影响很大，易造成大量空壳秕粒，通常称这种天气为"寒露风"。就在上述不利于生产的天气条件下，20 世纪 70 年代，这一地区有两个县的乡和村，创造高产记录，有突出的成绩，具体事实如下：

黔阳地区会同县城郊乡步云村，在当时党支部书记张美焕的带领下，在海拔 280 米的山区，创造出一年三熟制。从 1967 年起已连续 5 年成功试种"稻—稻—麦"三熟制，其中 3 年平均亩产 2000 斤以上，在此基础上，1971 年又成功试种三季稻，亩产 2091 斤。黔阳县杨柳村地处海拔 1400 多米的雪峰山腰，这个"清明谷雨飞雪霜，山下谷黄我插秧"的高寒山区，广大农民在 1970 年试种 13 亩双季稻，亩产 1005 斤；在此基础上，1971 年扩种到 301 亩，亩产 980 斤。这些利用气候资源，不断创新的事例，到处都有。他们之所以能够增加复种指数，获得高产，主要是以科学的态度，敢于探索的精神，积极战胜灾害性天气。春季寒潮影响烂秧，9 月中下旬至 10 月上旬，晚秋的寒露风影响水稻空壳，这是季节早晚与生产之间的矛盾，也就是物候的问题。他们采用了改大苗为小苗、改育秧为直播等比较先进的方法，发展双季稻。7 月中旬至 8 月中旬的夏秋干旱，中稻不能很好地进行受粉，易形成空壳秕粒，看起来是耕作制度与气候季节变化的矛盾，实际上也是物候的问题。他们改中稻为双季稻，改晚稻为早稻，这样既避免了夏秋干旱的威胁，又克服了"大南风"的危害，这是运用物候知识通过实践获得成功的很好例子。

在 20 世纪 70 年代初，湖南省黔阳地区农业气象站，还利用自然界的物候现象，做出各种物候预报：一是以柳树展叶普遍期预报冬季初雪期。二是以油桐开始落叶期与枇杷开始开花期预报初霜期。三是以三月泡（树莓）开花的朝上或朝下，预报未来暴雨的次数。三月泡开花时，有的朝上，有的朝下，这种朝上、朝下的多少，与未来暴雨次数有一定的关系。用三月泡朝上开的多少与暴雨次数画成曲线图可以看出，朝上花越多，4～6 月暴雨的次数越少；反之，则 4～6 月暴雨的次数多。四是以桃竹出笋位置预报冬季气候趋势。人们将笋子出在母竹中间的，形象的称为"娘抱崽"；将笋子大多数长在母竹外围的，形

象的称为"崽抱娘"。桃竹出笋"娘抱崽，冬冷；崽抱娘，冬暖"，这是群众的普遍经验。根据该站的观测统计，凡属"娘抱崽"的年份，冬季雨凇日数、连续最长雨凇日数、极低温度等于或小于摄氏零度日数，均显著偏多。反之，冰冻就相对比较轻。物候知识的广泛应用，推动了当地农业生产和病虫害防治工作，从而获得农业生产的丰产、丰收，增加广大农民的收入。

近几年来，广州民航职业技术学院应用物候观测资料，成功地预测东部、南部、西部等区域的东方鸻（*Charadrius veredus*）（图7-7）、扇尾沙锥（*Gallinago gallinago*）等鸟类的迁徙、过境及综合防治措施，该技术作为未来鸟类和虫害发生期的预报，前景十分广阔。近几年来，我国鸟击防范预测预报工作，已取得了长足的发展，并取得较好的效果，该校现已发布全国预报36期，区域预报47期。看来以物候作各种预报，具有重要的现实意义，这种预报手段，已逐渐被各方面重视。

图7-7 秋季迁徙居留机场的东方鸻

二、当前及未来的物候观察与研究

我国的物候研究工作有久远的历史，但是与先进国家比，持续性还不够。1949年以来，农作物的物候观测进行得比较早，而自然界的物候观测直到1962年才开始系统地进行。自然界的物候与栽培的作物有密切的关联性，对于指导农业生产和机场鸟击防范十分重要，今后应把物候研究的成果与实际生产、安全和人们的生活结合起来，有针对地开展这方面的工作。

我国历史悠久且拥有最具系统性的七十二候的物候记载，把自然界的植物、动物、气候水文现象的季节变化记载得比较全面，这是我国古代物候记载的优良特色，是值得发扬光大的。因此，今后我国的物候记载，也应该包含这几个方面。

增强物候观测种类的选择：在一个地方进行物候观测，并非漫无目标地全部观测，也不是有什么就观测什么，而是要在自然界形形色色的季节现象中选择那些最能明显反映当地真实情况的季节现象，以及与农业生产和机场鸟击防范关系密切的物候去观测。物候观测项目的选定，主要依据下列三项基本原则：

第一，在我国温带和亚热带地区，凡是属春夏秋冬四季分明的地区，可选择常见的、分布范围比较广的植物和动物，各地区同时进行观测，以作为物候的观测和比较，形成网络，以便各网点之间的对比。农户或城市居民用于盆栽的植物与生长在自然环境的植物有很大不同，一律不得作为物候观测对象。热带地区因无冬季，植物在旱季休眠或根本不休眠，而且植物种类也与温带、亚热带的大不相同；候鸟来往时期常与温带季节相反。例如，在我国三沙市，冬季大批的家燕在市区及机场上空活动。所以，热带地区选择的物候观测种类，不能与温带、亚热带相同。当然，也有一些特例，如"物候的南北差异"一节中所引苏轼海南省《寒食》诗所云，"记取城南上巳日，木棉花落刺桐开"，即热带植物的物候仍是有节奏的。据广州市华南地理研究所物候记录，广州市的木棉开花的时间为每年的 4 月上旬，而刺桐开花则在 12 月下旬，所以热带地区物候比较复杂，有深入研究的必要。特别在选择植物种类方面，要反复论证，切勿太随意。从近几年的时间看，南方地区，选择木本植物为佳，如木棉树、杨桃、猴耳环、紫荆花（图 7-8）、大花紫薇、桃金娘、垂柳、野牡丹、蒲桃、凤凰木、羊蹄甲等。

图 7-8　紫荆花

第二，选择指标植物的种类数目不宜太多，但是所选植物从初春到秋末，每隔数天都要有明显的物候现象出现。指标植物的形态和变化，必须容易识别，同名异种的东西，尤其需要分辨清楚。有些种类的名称，地区叫法差异太大，因此，可以用统一的学名，这样有利于信息的传播与利用。

第三，古代已有物候记载的种类，如桃、杏等这些大多选为观测对象。世界多数国家进行观测的植物，如紫丁香、洋槐、柳等也应选入。选这些为物候观察植物，是为了便于作古今中外物候观测的比较。

　　根据以上所述的几个方面的基本原则，我国物候学工作者曾经选定了我国温带、亚热带地区的指标植物、指标动物和气象水文现象的物候观测种类，这就是全国物候观测网共同观测的种类，有关植物的名单见本书附录一。但是我国高原地区和荒漠原野的物候植物还选用得比较少，在未来的实践中，可选一些有代表性的物种进行观测，除用于农事、养殖业外，对指导当地机场鸟击防范更有现实意义。物候观测种类名单中所列入的指标植物，各地可以选择当地已有的且开花结果在3年以上的中龄树去观测。但必须查明该种植物的科学名称，最后请熟悉植物学的专家鉴定学名，以免错认类似的植物为指标植物。一个站不必观测本书附录中所列的全部观测种类和项目，可视需要和可能，选择轻而易举的先进行观测，待积累经验以后，再陆续增加。地方性的木本、草本和花木植物，有条件的观测点也可以选择若干种与选定的物种同时进行观测。另外，做些观测记录，以便进行对比。

　　稳定物候观测地点、植株和观测人员的确定：在选定观测种类之后，就要选定观测的地点、观测的植株，并确定担任物候观测的人员。简单地说，就是定点、定株、定人，这是建立物候观测研究最基本要求之一。

　　从以上的叙述可以得到一个最基本的结论，物候观测与研究通常都是有地区性的，地形地貌不同，即使在一个地区，其物候现象也有所不同。因此，为了观测到某个地方有代表性的自然情况，就要选择适宜的地点，但是也要顾及观测方便。可以在植物园、公园、机场生活区或有成年树木和草本植物的地方，选定固定观测点；也可以选择一块园地栽植木本和草本植物，作为固定观测点。观测点确定之后，一般不要改变，如确定需要改变，其变换的地点与原来的区域相距不宜太远，其选择的物候植物也应与原物候植物相差不多；否则，不宜变更。这里需要说明的是，在同一个地区，树木由于生长地点和树龄不同，物候现象的出现就有早有迟，因此必须选择固定树木去观测。

　　鸟类和昆虫作为物候观测物种，它们的移动性较大，活动范围较广。为此，在实际工作中，只要在观测点附近看见了、听到了，就可以作为物候资料进行记载，如燕隼（图7-9）、乌鸫等。

　　物候观测包括一年四季的全部过程，即植物的外部形态变化，最明显的地方也是人们最关心的地方是：发芽、展叶、开花、结实这几个阶段，尤其以开花和秋季树叶变色、掉落最为鲜明。观测植物的开花，既要观测早春开花的树种，也要观测仲春、暮夏开花的树种。不但要观测春季开花的木本和草本植物，还要观测夏季和秋季开花的植物。树叶变色为夏季过渡到秋季最明显的自然现象，既要观测初秋最早变色的树种，还要观测最迟变色的树种。观测秋季落叶也是如此，既要观测最早落叶的树种，也要观测最晚落叶的树种。每次观测，都要以选定植物作为观测对象，并以固定植株作为正式记录。在其他地方见到的，可作为参考，并做附记，最好是给这些植物定位，以便将来对比研究。

　　物候观测必须以亲眼看见的现象或亲耳听到的虫鸟鸣声为准。从事物候观测的人员，须经过相当一段时期的历练，才能观测准确。时间越久，经验越多，准确性越高。物候观测主要依靠观测员的经常关心，必须持之以恒。最初进行观测，难免发生误差，需要经过一个时期的练习，才可趋于正确，所以观测人员应该固定，不可时常变更。一定要记住，在物候观测研究中，人的因素是第一位的，人的责任心是关键，勤奋专心是基础，因此选

图 7-9 过境机场的燕隼

人尤为重要。

　　不管以什么植物作为观测对象，做好连续观测和数据的记录十分重要。物候观测是一年四季连续不断，常年进行的。观测树木或草本植物主要是看其发芽、展叶、开花以及秋季叶变色、果实或种子成熟、叶全落等的出现日期。观测候鸟和昆虫的活动是始见、绝见、始鸣、终鸣等的日期。各种观测项目见附录二。至于植物和动物的具体观测特征，必须另外参考专门编写的中国物候观测方法。按物候观测的一般规定，为避免漏记现象的出现，必须在乔木或灌木向南的方向进行观测。因为向阳的枝条经常发育在先。对观测工作的质量要求，主要是掌握物候现象出现的准确日期，从春初到秋末，如植物的发芽、开花出现的时期，某种特殊植物的盛花期，宜每天观测一次，或者隔一天观测一次。假如3～5天观测一次，那么某些物候现象的准确时日就难以全部记录了，不过可以对所有观测的植物采取拍照（图7-10）、录像等更先进的方法进行跟踪，24小时不间断观测。至于每次观测的时间，以下午最为适宜，这是因为一天之内，下午1～2时气温最高，植物的物候现象是常在高温之后出现的。但是，有些植物，往往在上午开花；有些鸟类，往往在早晨或夜间鸣叫。又由于秋霜出现在早晨，冬季常早晚结冰，中午融化。为了不致记漏，观测时间就需要按观测对象和季节不同，分别灵活掌握。

　　物候观测的记录，应随看随记，不要事后凭记忆补充。植物每一发育时期，各个植株和各个枝条都不是同日同时开始的，如果见到植物出现某一发育时期的现象，即到了那个发育时期，就应该尽快记录下来。但是，还要辨别它是在始期、盛期，还是末期。在单株上只要看见有一朵或同时几朵花的花瓣开始完全开放，即为开花始期；等到单株上有一半以上的花蕾都展开花瓣，或一半以上的葇荑花序散出花粉，或葇荑花序松散下垂（如加拿大杨），为开花盛期；单株上只留有极少数的花，为开花末期。

　　如果选择同种树5～10株，只须把所有观测植株作总的估计。如果选定某种树5株，

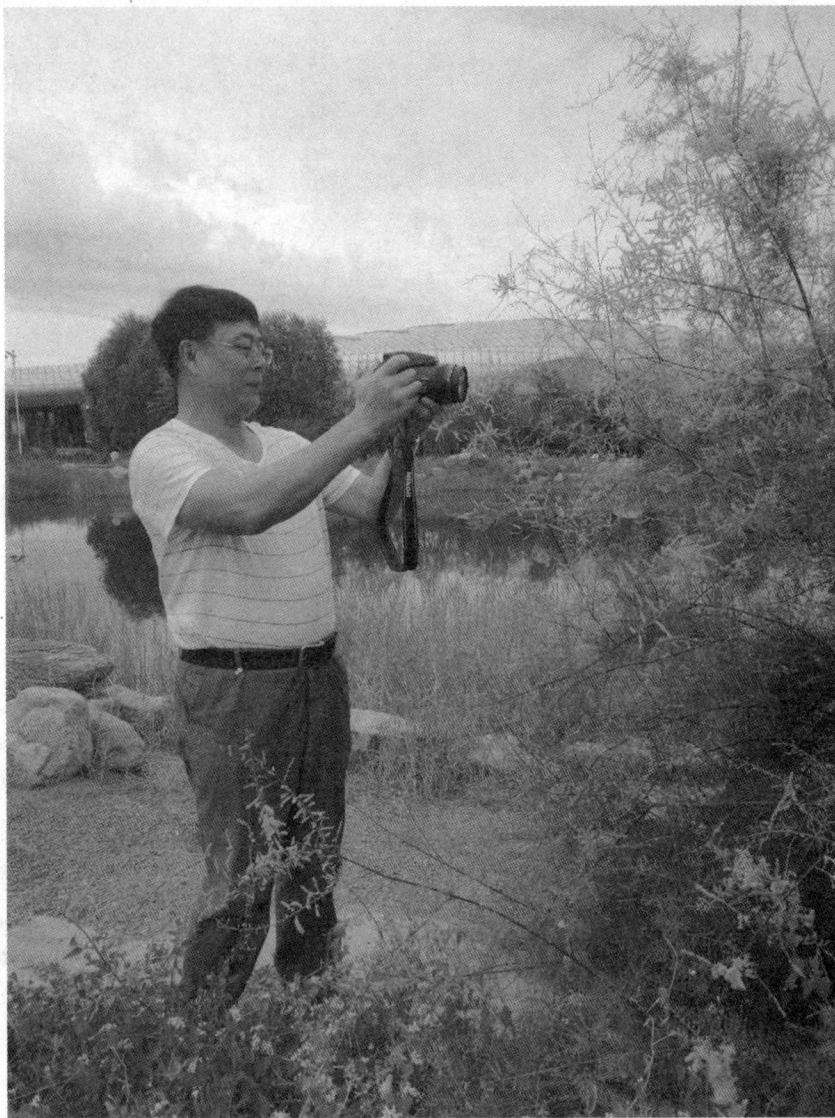

图 7-10　物候观测人员拍摄柽柳，观测其盛花期

看见有 3 株开花，就是到了开花始期。

　　在物候研究中，自然生长的植物、野生动物和气象水文这三种项目，如果不能全部观测，就只须记载观测到的部分项目。把记载的物候现象按出现的先后顺序排列，就是该地的物候记录（表 7-2）。

表 7-2　北京颐和园物候记录表

日　　期	物　候　现　象
2月24日	北京市区昆明湖全部解冻
2月26日	北京市区昆明湖湖面又见薄冰

（续表）

日 期	物 候 现 象
3 月 3 日	北京市区野草发青（禾本科）
3 月 12 日	野生蜜蜂初见
3 月 24 日	公园内的山桃始花

国外，特别是在欧洲各国进行物候观测的初期，由于大多为个人行为，缺少统一的物候观测大纲和统一的观测方法，虽说他们在物候观测方面积累了很多的资料，但缺乏统一的标准。因此，国外的物候资料，一般很难做相互比较，所以他们的一些东西也就难以得到广泛的应用，这个经验教训值得未来的物候观测与研究人员重视。目前，我国正在开展物候观测网工作，以开展物候学的观测研究，这是按照统一的观测种类和统一的观测方法，从事观测记录，需要各地同时进行，才可以相互比较，并通过信息网络（如中国物候观测网，www.cpon.ac.cn）进行沟通，这样获得的物候数据，才有科学价值、应用价值和学术价值。

物候观测的原始记录，一般是记载某月、某日、某种物候出现的现象，但是，为了整理计算的方便，也可以把日期改写为在一年中的第几天，例如 2 月 1 日可写为第 32 天，平年 3 月 1 日为第 60 天，闰年 3 月 1 日即为第 61 天，以此类推。有关由日期换算为天数方面的资料，可以参看附录三。现代物候观测研究的数据，可以用计算机录入，统一进入数据库，这样更便捷。

有了物候观测资料之后，就需要进行资料的整理。可以按植物和动物种类，分别将各种植物的发芽、展叶、开花等日期，以及各种动物的始见、始鸣等日期填入分类统计的表格中，这样就可以知道某一种植物或动物的季节变化过程。还可以依据各种物候现象出现的先后过程，依动植物的实际形象画成实物形象的物候图，看这样的物候图对自然界的季节变化更可以一目了然。从物候学者王川编写的《古今物候的比较》图可以看出 20 世纪 60 年代，北京颐和园的春季物候观测记录。以这个图与北京市区当时城内物候现象相比较可知，城内的山桃、杏树和紫丁香（图 7 - 11）的始花期都比西郊颐和园提早，这是由于城内的小气候温度比郊外的气温偏高 1℃～2℃，所以，上述植物的始花期要偏早。但是，北京城内的北海冰融期和家燕、北京雨燕（图 7 - 12）始见期却比西郊地区的颐和园晚一些，这一年，颐和园内的昆明湖开始解冻的日期为 2 月 11 日，城内北海冰融为 3 月 5 日，推迟 20 多天，其因是玉泉山的泉水流入昆明湖，而春初泉水的水温比较暖，且昆明湖的湖面比北海大，加之郊外风力又较城内大等，冰块一经融解，全湖的冰块便很快融化。北海融冰，受风力的影响较小，所以融化较迟。又这年颐和园燕始见为 4 月 22 日，城区内家燕、北京雨燕始见为 4 月 25 日，在城内看见家燕、北京雨燕的日子比在颐和园看见的日子迟 3 天，为城内燕始见 20 年观测记录中最迟的一年。这是由于本年燕始见比常年推迟，且燕子初来时，先到郊区一带活动，后到城区内，所以就出现了城内燕始见比郊区迟的现象。

在日常条件下，如果不停息地积累物候观测记录，时间长了，自然就能够绘制物候现象变化曲线图。例如从北京地区的物候图中可以看出多种物候现象在 24 年中的变化趋势，

图 7-11　北京房山区良乡公园盛开的紫丁香

还可以通过物候曲线高低的变化，看到太阳黑子的变化与物候早迟的关系。物候的曲线变化趋势，对于物候预报有很大作用。如《北京自然历（1950—1977 年）》这样的自然历表，就是季节现象前后连续发生的过程。有了自然历这一数据库，人们可预先知道各个季节现象将要到来的时间、自然有什么变化、气候有什么趋势等。例如，人们选择作物播种期指示植物的开花期，预防某种高危虫害的报警植物的开花期，各种果树的开花期、蜜源植物普遍开花期、谷类作物成熟期等，由此也就能预先安排生产劳动的操作时期，指导农事。延伸一下，可以通过此法预测鸟类的迁徙、始见期、盛期和高峰期及终止期等。同时，根据自然历还可进一步做出那个地区的物候预报，对农业生产、飞行安全等将发挥更大的指导作用。

一年里春、夏、秋、冬四季的划分，有各种不同的划分法：如我国古代依据天文方面的春分、秋分、夏至、冬至来划分的季节，通常称为天文季节；如依据温度来划分，这就是气候季节。但是，单纯以温度来指导具体的农业生产，或预测昆虫和鸟类方面的工作，还是不够的，与农业、昆虫、鸟类及其他生物等直接有关的是物候，因此我们可以依据物候现象来划分四季，叫作物候季。如本书第五章中，我们已根据物候对北京的四季进行了初步划分，作为参考，大家可以结合自己的实践，针对不同机场的特点，将机场的季节以物候的方法重新划分，特别是华南广大地区的机场，更有必要进行这类划分，这比用天文和气候的方法划分，更贴近实用，更有针对性，有利于农业生产和机场鸟击防范建设。

平时，我们还可以把各种物候资料应用起来，并将其绘成等候线图，如同前面的桃始花、小麦播种期和黄熟期的等候线图。通过等候线，我们能更清楚春天同种树木，在各地方开花时期的先后顺序，从植物发育过程的快慢，就能更合理地、适时地采取相应农业措

图 7-12 北京雨燕

施和鸟防管理方法。栽培作物新品种的区域划分、机场鸟击防范等，也可以从等候线图上得到科学依据。在缺少物候记录的地方，根据等候线也能推断那个地方的季节变化情况，以作为农事安排、虫害预防和鸟击灾害的预测预报等。随着各行各业的发展和需要，物候知识的普及与应用将更加广泛，这里需要说明的是，自然历也要参考作物的播种期和黄熟期等候线图。总之，等候线图对于农业生产、鸟击防范等，具有广泛的应用价值。

物候的另一用途，就是为引进各种作物的新品种服务，在我国不同地区如栽培杂交高产水稻、培育杂种玉米等，在大面积推广之前，必先行试种。我国经济植物极为丰富，且经济植物的分布在我国的地方志中有详尽的记载。美国人在我国推广蔬菜品种或粮食新品种时，就查我国的省志、县志，把气候相似地区的经济植物栽培到我国，也有的查阅相关的气候、物候资料后，把我国的品种引进到美国，如美国从我国引进东北的大豆、四川的桐油、浙江黄岩的蜜橘（图 7-13）等。在这一方面，自然历和等候线图有很大作用。

物候资料不仅适用于指导大范围的农业生产，尤其可以作为指导小范围的一乡一村的生产的依据。各乡镇、各村组的地势、土壤和小气候条件，并非完全相同，物候观测就可以表现各个乡村或乡镇的地形、土壤、温度、湿度和光照方面对作物特殊的影响，从而我们就可以更合理地利用各处田亩，因地制宜，栽培最适宜的作物，并进行更合理的田间管理，进行间作套种，增加农作物的复种指数，提高产量和质量，增加农民的收入。特别在我国西部山区及边远地区，物候对农业生产、病虫害防治、鸟害控制等具有重要的现实意义。

物候资料除应用于农业生产外，对于确定造林、移植、采集树木种子、养牛、养羊及水产养殖等最适宜的日期，特别对城市绿化栽培、管理和防护林等植物种类的选择，也具有现实的指导作用。另外，物候对指导我国西北荒漠地区的人工造林的造期选择都具有重要的现实意义。因此，我国物候观测资料，对于养蜂（图 7-14）、放牧、捕鱼、打猎等具

图 7-13 浙江黄岩蜜橘

有重要的现实意义，特别值得一提的是，物候资料对于鸟击防范预测预报、害虫防治、鼠类控制、禽流防范以及城市"四害"灭杀等，都具有重要的指导和引领作用。总之，物候资料对其他一切与生物学有关的各种经济建设，都有不可替代的实际用途。

图 7-14 早春蜂群

上面所说的各个领域都需要应用物候资料外，物候资料还可以用来判断地方气候的特性，因为物候现象是气候的一面镜子。这也是物候学成为一门科学，被人们重视，具有广泛应用性的一个重要原因。

我们在物候知识推广和教学时，经常听到这种说法，物候学确实很好，但是它有很长的、不断的、连续积累的过程，否则不准，这种说法对吗？当然，有一定的道理，但不准确。一个地方物候观测记录年代短的，是不是可以应用呢？回答是肯定的，可以借助于邻近地区年代长的物候记录，计算出这个地方的多年的物候平均日期，这对于物候资料的应用至关重要。为了达到这一目的，必须在本地区或者邻近地区寻找做过多年的物候观测、自然条件和本地相似的物候记录，这样就可做比较计算。假如某地只做过四年的物候观测，要求算出山桃始花的多年平均日期，则可列表进行计算（表7-3），从而获得我们需要的相关数据。

从表7-3看，把相邻地点多年观测的日期作为对比的基础，减号（—）表示提前，加号（+）表示推迟。从表中看出，某地山桃始花期与邻近多年观测点相比，是提前一天。因此，计算山桃的多年平均始花期的日期，将是3月27日（多年观测地点的多年平均日期3月28日减一天，平均间隔天数为27日），这样就能求出某地的初步多年平均日期。准确的平均数，还得经过多年观测以后，才能由实际观测资料算出。

表7-3 山桃始花日期的计算订正表

某地山桃的始花期（年/月/日）	1969/3/25	1970/3/22	1971/3/18	1972/3/26	平均间隔天数	多年平均日期	求出的年平均日期 28-1=27
相邻地点经过多年观测的山桃始花期（月/日）	3/23	3/24	3/19	3/28	—	3/28	3/27
间隔天数	+2	-2	-1	-2	-1	—	—

三、物候学与防止环境污染及三废利用

近年来，随着人们环境意识的增强，生态发展已成为人们发展经济的重要共识。世界上越来越多的地区受到了严重的污染和破坏，有的甚至形成了严重的社会问题。空气受到毒化，垃圾成灾，河流、海洋遭到污染，温度上升，不仅影响人类生存，而且影响到动物和植物的生长繁殖，阻碍经济的快速发展，严重威胁和损害广大人民的身体健康。造成这种情况的主要社会根源是人们在发展生产过程中，忽视保护生产环境，盲目追求速度，产能过剩。特别是美国，为优先发展并获得更快的速度，竟然退出2015年《巴黎气候协定》，加重全球环境的负担（退出时间为2017年6月1日）。

随着近年来，美国经济的复苏，该国的环境污染也更加严重。据报道，在20世纪70年代，美国工厂的烟囱每年要排出1.49万吨有毒物质；9000万辆汽车每年要排放30万吨一氧化碳，汽车废气中含有镇震剂的四烷基铅，使大气中铅的成分比原始空气增加了10000倍。空气污染给美国的农业、林业生产也带来极大危害。空气中的毒质使得美国许多地方树木枯死、水果变质、蔬菜减产、牧场被毁、牲畜死亡，仅加利福尼亚一州，每年由于环境污染造成的损失就达1.25亿万美元。在以盛产兰花著名的新泽西州，近几年来

不但兰花的产量大幅下降，就连菠菜也难以生长，广大菜农无法靠种菜维持生活。随着特朗普美国优先经济政策推进，美国的污染将会越来越重。

里海海域是产黑鱼子的基地，但是由于苏姆加伊尔等海底石油的生产，生产黑鱼子的鳇鱼大为减少，近年来，在俄罗斯国内或国际市场上，优质的黑鱼子罐头日益减少，价格越来越高，如不加保护，有可能绝灭。贝加尔湖虽然水量很大，但是因该河上游造纸厂、肥料厂的污水排入，水体受到污染，生活在该河流的水生生物受到严重的影响，鱼类大幅减少。

20世纪上半叶英国伦敦以烟雾著名于世。1952年的一次浓雾含有工厂所出的煤灰与二氧化硫，造成5000多人死亡。当时，空中飞扬煤灰最高达每立方米空气4500微克，日平均浓度752微克。由于当时该国经济的畸形发展，西欧诸国环境污染日趋恶化。据西德（图片报）报道，莱茵河已成了"欧洲最大的垃圾桶"，两岸城市排出的含毒素的污水使得莱茵河下游的鱼中毒死亡，大量漂流入海。1949年从莱茵河中尚能捕到34000多千克鱼，到1966年则已无鱼可网。每年由莱茵河经荷兰入海的毒物达2400万吨之多。原子能发电厂排出的水，使莱茵河下游水温增加摄氏好几度。

20世纪70年代初，日本的环境污染也已引起舆论的极大注意。1971年广岛湾发生"红潮"，对虾、鲕鱼大量死亡。环境污染更使人怪病丛生：制造乙醛所用有机水银，使熊本县6个市町四分之一的人患了"水俣病"，这病可由母亲传给胎儿，使婴儿精神失常。1910年日本就发现了一种"痛痛病"，直到1967年才知道是由于镉中毒所引起的。自1968年到1971年已有496个患病者向日本有关企业提出诉讼。目前，由于大气和水被污染，日本的樱花树（图7-15）有减少的趋势。

图7-15 常见的物候观测植物——樱花

近30年来，我国经济快速发展，部分地区污染也比较严重，全国性的雾霾影响人们的身体健康，制约经济的持续发展。自党的十八大以来，党中央十分重视生态环境的问题，限制产能，淘汰落后项目，对环境污染地区的官员，严格问责，大力发展可持续发展的生态经济，促进经济的持续发展。

环境污染引起世界各国人民的极大不安。1972年6月，联合国在瑞典首都召开了112国代表参加的人类环境会议，建议成立110个环境监视网，并在联合国成立一个环境计划委员会。

进入21世纪，我国人民遵守党的独立自主、自力更生的方针，大力进行社会主义的经济建设，把我国由一个发展快、污染大、产能落后的旧乡镇工业体系，建设成为一个繁荣昌盛的现代化社会主义国家科学体系。我国政府按照全面规划、合理布局、综合利用、化害为利、依靠群众、大家动手、保护环境、造福人民的方针，正在有计划地开展污染治理工作，全力控制工业废气、废液、废渣对环境的污染，要求全国各地经济发展，要保证不影响青山绿水。多年来，我们开展群众性的爱国卫生运动和植树造林，加强土壤改造防止水土流失，积极搞好城市改造，有计划地进行新工矿区的建设等，维护和改善了人类环境。事实证明，政府关心人民利益，发展工业能造福于人民，工业化发展中出现的污染问题，完全可以得到妥善的解决。

我们知道，自然环境的污染，并非一朝一夕形成的，而是长年累月拖延不加治理造成的。在我国优越的社会主义制度下，如何能对污染问题"见微知著"防患于未然呢？在这方面，物候学的观测方法不失为一个良好的助手。如把物候观测点、网建立起来，用植物（图7-16）、鸟类来监测环境的污染程度可以起到一定的监视环境污染的作用。所以，在环境污染发展的时代，物候的观测工作也应当加强，把物候监测污染和污染防治工作提到日程上来。

图7-16 物候污染监测指示植物——美人蕉

20世纪50年代，北京城区内乌鸦、喜鹊，随处可见，它们是变季主要繁殖的鸟类。

每当春、冬季的清晨，天一亮，就能听到喜鹊鸣叫，有"春眠不觉晓，处处闻啼鸟"之感。早晨上万只乌鸦从城南飞向城北或从城东飞向城西郊区；到傍晚 4 点 30 分～5 点 30分，又从觅食地飞回来。但是，到 21 世纪初，北京城内的鸟类很少了，其因一是西郊、南苑两个机场加大对乌鸦的治理力度；二是城区内的环境治理，垃圾减少，食源少了；三是城市的"亮化"影响乌鸦夜间栖息，特别是城市的车水马龙，吵得乌鸦无法休息。最近几年来，在北京市的主要街区，已很少见到乌鸦了。只有少数地方，冬季有乌鸦进城区内越冬。乌鸦减少的原因还有城内各处大量施用杀虫药剂，如园林防虫、工业防疫等，鸦科鸟类吃了泥土中的虫类，也就出现中毒现象，鸟类孵化率持续下降。近年来，党和各级政府十分重视环境保护工作，把保护环境、促进生态平衡放到主要位置上，广大群众与科技人员都在为保护生态努力工作，北京城区内的自然环境得到恢复，逐步形成今天树成行、花飘香、鸟鸣叫的美好环境。

四、大气污染对植物影响的症状

著名学者鲁宾逊（Robinson，1970）把大气污染对植物的危害分为三类：一是急性危害，指在高浓度污染物影响下，短时间内产生的危害，使植物叶子表面产生伤斑，或直接使叶片枯萎脱落；二是慢性危害，指在低浓度污染物长期影响下产生的危害，使植物叶片褪绿，影响植物生长发育，有时还会出现与急性危害类似的症状；三是不可见危害，指在低浓度污染物影响下，植物外表不出现受害者症状，但植物生理已受影响，使植物品质变坏，产量下降。

在自然环境中，大气的各种有害气体，对植物污染产生的症状差异较大，因此，作为物候学的观测研究，我们应将环境污染造成的植物死亡与植物的自然代谢脱叶，严格区分开。为此，现将常见的几种症状简要叙述如下：

二氧化硫（SO_2）：该化学物质是最早被广泛认识的大气污染物。燃料燃烧，工矿企业，特别是硫矿冶炼企业及火力发电企业，煤和石油产品，都是自然环境中二氧化硫的主要来源。

该化学物质对植物产生的急性和慢性伤害，因各类植物抗击该化学物质的能力不同，受害的表现也不一样。双子叶植物的急性危害症状是边缘和脉间坏死，伤斑首先呈现暗绿色，不久即漂白成象牙白色，偶而可变为红色或棕色、植物叶片坏死的组织，从叶片两面都能看到，最终植物的死亡组织，会破碎并自行从植株枝头上脱落，受害严重的植物全株叶片会慢慢脱落，慢性伤害表现为失掉绿色，常常是脉间黄色。单子叶植物及草本类植物的急性危害症状是自叶尖开始至叶基的条件伤痕；慢性危害症状仅仅是叶尖漂白。针叶树一旦受害后，首先，是针叶形成圈状受害环；然后，先端变为红棕色；最后，脱落死亡。

松柏类树的种属是对二氧化硫敏感程度极高的一大类植物。从现有的资料和植物生理看，植物组织对二氧化硫的敏感程度，一般决定于植物组织的年龄。双子叶植物中，较幼嫩而完全展开的叶片往往是最敏感的，而正在展开的树木叶片，叶面积较大，最后受害也最严重。禾谷类植物中幼苗比较成熟的植株，对该化学物质具有较强的抗性；反之，松柏类的幼苗期要敏感得多。在成年松柏树中，较老的针叶在未成熟前即落，但是中等年龄的针叶最易因污染而坏死（图 7-17）。

图 7-17　松树枯梢病

　　环境因子能强烈影响植物对二氧化硫的敏感性。一般来说，光照强、土壤潮湿、相对湿度高和适中温度等条件，能使植物对该化学物质的敏感性加强。此外，从白昼看，夜间植物的抗性要比白天强。在植株缺水的情况下，也能增强抗性。植物的敏感性因季节而有变化，春季和初夏是最敏感的时期。植物的敏感性与土壤营养状况也有关系，缺氮的植物要比正常的植物敏感得多，增施肥料显然可以减轻敏感性。植物的敏感性与地形及土壤基质也有关系，生长在山坡上，高于烟囱 2～5 倍处的植物比生长在同距离的平地上的植物受害严重得多；生长在石灰岩和玄武岩上的植物比生长在沙质土壤上的植物受害轻；钙质土壤生长的植物能抗二氧化硫的影响。

　　氟化物：铝、铜、磷、稀土金属、化工及化肥厂（特别是小化肥、小化工）、陶瓷、砖瓦及玻璃厂是氟化物的主要来源。氟化氢（HF）气体是引起氟危害的主要物质。从环境监测数据信息分析，该化学物质对生态环境及植物危害十分明显。

　　各类植物受氟化物危害的症状差别很大。在自然界，凡是双子叶阔叶植物，它们的叶片积累氟化物的速度较慢，受害后氟化物被转移到叶缘而产生边缘坏死。坏死组织与健康组织之间有一明显的红棕色带。如氟化物气体浓度极高，在叶子上的几个点可积累氟化物，形成散状的坏死及脱绿色组织。单子叶植物中，叶片尖端首先坏死，叶片边缘呈现出红棕，禾谷类植物坏死组织成为白色。玉米出现脱缘斑集中分布于叶片边缘及顶端。松柏类首先针尖受害，后向基部扩展，开始时失掉绿色，随后变为红棕色。

　　在自然界，氟化物对植物生长和发育影响十分明显，靠近污染源的农田一旦被污染，植物生长将严重受损，氟化物污染特别严重处植物群落会成片地死亡，甚至很长时间，该地不能栽培某种植物。果树如桃、李常受氟化物危害。在我国，大豆受氟化物污染后，会大幅度减产。从实验结果看，大豆受该化学物质污染后，其生长期延迟，生长慢，果实成熟不饱满，种皮皱缩，蛋白质、油脂及淀粉含量下降，从而严重影响产量和质量。

　　目前，国内对氟化物影响的植物还研究得不多。温室试验表明，膨胀的植物细胞极易

被氟化物污染，经田间观察，植物生长环境处于缺水情况下，它们比较易受害。在相对湿度比较高的情况下，植物的敏感性通常也会增加。植物在黑暗中熏气受害比在白天要轻些。

臭氧：自1944年人类首次发现臭氧对环境的危害，真正知道臭氧为危害物质，直到1958年才鉴定清楚，臭氧在自然界是光化学烟雾形式毒害植物的有机体。近年许多人认为臭氧是世界上最重要的大气污染源之一。

臭氧危害植物的典型症状为：植物的叶片表面，在邻近小叶脉处产生点状或块状伤斑。该污染物一旦超标，就会对植物内部栅栏组织产生不可逆转的破坏。因为植物的栅栏组织对臭氧尤为敏感，它的细胞常常在叶肉下部，受害前即失去机能而破裂死亡。因细胞崩溃所形成的伤斑开始从叶片表面现出漂白色，几天后色泽变为黄褐色或淡黄色，如产生新色素则色泽转深。如果空气中的臭氧浓度很高，则伤害的不仅是叶片，还有其他组织。最后出现植物叶片或植物其他组织大面积坏死，通常表现为叶片两面都出现伤斑。成熟的叶子对臭氧往往是最敏感的。松柏类的伤斑首先出现于新针叶的尖端，而使老针叶受污染，其症状则出现于基部。

臭氧污染对植物的危害主要表现为：对植物的生长和发育有不利的影响，如导致柑橘非正常落叶，果实变小，生长不良，品质下降，大幅减产，严重时甚至绝收。从实验数据分析，在自然环境中，臭氧的污染是轻微的，受污染的植物并不出现危害症状，但当环境中的臭氧浓度达到一定的值，就会阻碍植物的生长发育，造成减产和产品质量下降。

氮氧化物：该化学物质主要成分是氮氧化物，如一氧化氮及二氧化氮，其主要来源于燃烧反应的高温，例如煤的燃烧、汽车行驶及农村秸秆焚烧。氮氧化物是光化学烟雾中，对自然生态环境危害最大的化学物质之一。在化工生产中，硝酸工厂排除的气体，也是产生氮氧化物的次重要的来源。

受氮氧化物危害的植物，双子叶植物的典型急性危害症状通常是不规则形坏死斑块，分布于脉间或常常靠近叶缘。坏死组织呈白色、黄褐色或棕色，很像二氧化硫危害的伤斑。在受污染植物中，主要有六月禾、芥菜、藜等，它们在接触氮氧化合物后，叶表面产生一层暗色蜡状物。尚未看到氮氧化物对植物危害的慢性症状。

其他气体污染物：大约在19世纪中后期，乙烯危害植物生长的现象就已被发现。随着机械化的快速发展，这种危害越趋严重，在自然界乙烯的主要来源是内燃机。乙烯危害常表现为一个很长的时期，包括脉间失绿，叶子向上偏或坏死。受污染的植物，成熟的组织出现失绿或死亡现象，幼嫩的组织表现不明显。乙烯对植物的危害主要是它直接影响生长素，使植物顶尖生长受抑制，而侧身组织体出现快速生长。

氯气：该化学物质对植物的危害常发生在水的净化工厂、氯化物制造厂、冶炼厂或玻璃厂。植物被氯气污染后症状变化不一，包括脉间失绿及边缘或脉间坏死。氯气还能抑制种子萌发，并使植物落叶。在塑料厂及焚烧大量含氯物质的垃圾堆附近，植物受氯化氢的危害比较明显。

从环境监测的数据分析，在化工集中区，由化肥厂排放的氨气也能危害植物，一些杂草受害后叶缘产生坏死斑。因此，我们不仅要研究化学物质对植物的危害，而且要利用物候对其危害进行监测，控制其危害的发生。

五、监测大气污染物的指标植物

在很多年以前，人们就发现自然界的植物，具有指示大气污染源的作用。在不同的大气污染物质影响下，各种植物因其耐受力不同，会产生不同的病理症状。从环境监测的数据看，大气中的污染质浓度不同，植物受害的程度也不一样，因此根据植物的受害及其受害程度，可以监测和指示大气污染质的种类和大致浓度。用以监测大气污染的植物，通常称为指标植物。我国监测大气污染的植物种类很多，20世纪90年代，北京、昆明、哈尔滨等地的环保和园林工作者，都曾编著过有关各自城市环境污染"指示植物"的著作。

植物能指示污染物的危害，这是因为在植物各种器官中，叶的监测价值是比较大的，因为叶通过气孔和外界不断进行气体交换，直接和空气接触的表面积很大，所以，对大气污染比较敏感。当植物受到高浓度有害气体的侵入，在短时间内（几分钟或几小时）叶中大量薄壁细胞受害，细胞壁和原生质膜解体，细胞的内含物落入细胞间隙，叶面出现浸润状的水渍斑，渐渐干燥以后，就成为各种颜色和形状的坏死斑，这是急性受害症状。在长期低浓度大气污染的情况下，植物常出现缺绿、叶子变小或成为畸形、提早落叶、生长衰退、结实减少等现象，这是慢性受害症状。在慢性受害条件下，植物往往也出现坏死斑，不过慢性受害时所产生的坏死斑可能不经过水渍斑阶段，这是因为这时受害细胞数量较少，而且是逐渐失水而死的。

经观测试验，证实下列植物对二氧化硫、氟化氢、臭氧及光化学烟雾的危害十分敏感，在物候环境监测时，可以选作监测污染的指标植物。

（1）对二氧化硫敏感的：紫花苜蓿、地衣、番茄、棉花、小麦、大麦、胡萝卜、芝麻、向日葵（图7-18）、蓼、土荆芥、莴苣、南瓜、葱、韭菜、菠菜、加拿大杨、枫杨、胡桃及落叶松等。

图7-18　对二氧化硫敏感的物候植物——向日葵

（2）对氟化氢敏感的：唐菖蒲、郁金香、雪松、萱草、柿、君迁子、金荞麦、葡萄、玉竹、杏及李等。

（3）对臭氧敏感的：菜豆、燕麦、番茄、南瓜、萝卜、花生、大豆、马铃薯、烟草、葡萄、紫丁香、菊花及松树等。

（4）对光化学烟雾比较敏感：烟草、早熟禾及矮牵牛等。

（5）对二氧化硫敏感的鸟类：黄雀、金翅雀（图7-19）及鹟科鸟类。

利用植物监测大气污染，具有使用方便、易于掌握等优点，但由于植物是活的有机体，其本身生长发育状况的不同以及环境条件（气象因子、土壤营养等）在不同程度上影响监测的结果，例如唐菖蒲受氟害的症状，与自然干旱、老黄或营养不良的症状很类似，因此，在利用该植物监测氟污染时，就要仔细加以辨别，以便获得可靠的信息。

图7-19　对二氧化硫敏感的动物——金翅雀

六、未来物候学的发展前景

我国古代，广大劳动人民十分重视农时，掌握农时的方法，一般都是根据自然界的物候和二十四节气的这几个方面。如前所述，战国时期的《吕氏春秋》、前汉的《氾胜之书》、后汉的《四民月令》和北魏的《齐民要术》诸书，讲到播种、耕耘、收获等田间操作的适宜时期，多数以自然界的物候为对照标准，只有少数以节气作为农时的依据。为什么我国的二十四节气起源最早，而古代农业专家和广大劳动人民，在总结经验、定农时的时候，却没有全部依据节气呢？这是因为节气的日期年年基本相同（指阴历），而同一节气的气候却逐年有所不同的。物候随天时的变动而发生变化，看物候便可以了解天时，所以我国古代多以物候现象来确定田间耕地时期，并以此选择最佳时期。事实上，在农耕方面这是更能正确反映客观事实的一种做法。在过去很长一段时间里，我国社会主义建设以农业为基础，虽然近30年来，我国初步形成现代工业、现代农业的格局，但是今后仍需要大力发展农业，提高作物产量。目前，推行间作套种，增加复种指数，要摸清各种作物的发育关键时期和生长期的长短，没有物候观测记录，没有准确的物候信息，农村的耕作制度改革，就难以此作为依据。究竟以什么为标准来掌握农时，这是相当重要也是迫切需要解决的一个主要问题。我国古代既已利用物候现象为掌握农时的对照指标，且行之有效，现在又为何不可以应用呢？因为古代的物候观测资料，大多比较有限，且资料粗疏，加之气候变化大，所以所定出的农作日期，未必全适用于生产，更不要谈昆虫、鸟类的预测了。古书上所记载的物候，用来概括广大的黄河流域，已嫌力不能及，施用于全国就更不合适。今后唯有开展全国各地的物候观测，不断积累自然界的物候记录，编制各地区的自然历，根据自然历作出各种农时的物候预报，才能有益于农业增产。编制各地区的自然历应用于农、林、牧、渔及鸟情、鼠情预测预报等，是一项长远的、具有战略意义的重要工作，这一工作在其他国家的使用已见成效。我国近年来，已有若干地区根据物候现象预报虫害、鸟情，他们在物候观测实践中初步总结经验，得出物候与虫害、鸟情发生的规律并作出预报，这一方面国内有很多实例，随着测报技术的发展，未来物候测报，将会覆盖全国各行各业，为经济建设添砖加瓦。

物候自然历，对指导国内农作物的区划具有重要的意义，为推行作物合理配置的先决前提，如双季稻的推广界限问题，需要周密地进行区划，才可以事半功倍，获得高产、稳产。农业生产固然要知道各地的气候，但是，往往两个地方气候条件没有差异，而栽培同一种做物就不一定完全适宜，这是因为农作物需要的生长环境，除气候条件外，还有土壤等条件，只知道气候条件还是不够的，必须知道物候，才可以做出鉴定。例如一个地区栽培某种作物是适宜的，要知道能不能推广到另外一个地区，那就要比较两个地方的物候是不是相同。如果这一地区的物候与另外一个地区的物候没有大的差异，那么，就可以判断这一地区的作物可以推广到另外一个地区。所以，利用物候资料来作物候区划，对于农作物的合理配置，对农业生产结构的调整，对大农业的布局都很有现实意义。尤其是新开垦地区，以栽培何种作物为宜，须参考物候资料。物候是一个无声的老师，农业区划、农作物结构调查，都无法离开它。

物候区划不仅应用于农业、气象、航空安全等，地理学做自然区划时需要物候作为依据之处很多。所以，研究自然地理，要重视物候观测记录，把它视为不可缺少的一种工作。

我国山区面积大于平原，有大面积的山区土地可以利用，开发山区是我国发展农业的重要措施之一。但是，山区的气候状况对于农业经营的适应性，有很多地方还没有开始进行调查研究，将来也不可能在山区从山顶至山脚都设气象站以测定山顶、山腰和山麓的气候；但是，在山坡上从上到下种植植物作为物候指标，却是轻而易举的。今后若开展山区的物候观测，那么，山区垂直分布带的土地合理利用，就可以明白了。这一措施对发展生产是具有重大意义的。

物候学是介于生物学和气象学之间的边缘学科。在生物学方面，它接近生态学；而在气象学方面，则接近于农业气象学。但是，生态学（无论是植物生态学或动物生态学）和农业气象学又恰恰为我国生物学和气象学中薄弱的环节。所以，物候学在我国虽有悠久的历史，但有现代的物候记录年数不长，即便如此，近几年来，该技术已渐渐深入于群众之

中，有若干单位和乡、镇、村连续几年进行观测，物候资料已应用于做气候预报和鸟情、虫害发生的预报，这是在实践过程中，从实践到认识，由认识到实践取得的效果。毛泽东曾说："我们的提高，是在普及基础上的提高；我们的普及，是在提高指导下的普及。"以习近平总书记为首的党中央号召全国实现小康社会，今后我国物候学的发展，唯有向现代化、专业化、标准化的目标前进，广泛开展物候观测工作，在普及的基础上提高。希望气象部门、农林部门、航空部门、环保部门、生物学的教学和业务部门等，大力开展这项观测研究工作。为了迎接我国社会主义现代化强国的到来，物候学需要做大量的工作，推进物候的观测和研究应该是现代强国不可缺少的一项重要工作。

附录一 中国温带、亚热带地区物候观测种类名称

一、中国温带、亚热带地区物候观测指标植物种类名单

(一) 木本植物

1. 乔木

银杏 *Ginkgo biloba* L.

侧柏 *Platycladus orientalis* (L.) Franco

桧柏 *Juniperus chinensis* L.

水杉 *Metasequoia glypiostroboides* Hu et Cheng (图附 1-1)

加拿大杨 *Populus canadensis* Moench

小叶杨 *Populus simonii* Carr

垂柳 *Salix babylonica*

胡桃 *Juglans regia* L.

板栗 *Castanea mollissima* Blume.

栓皮栎 *Quercus variabilis* Blume.

榆树 *Ulmus pumila* L.

桑树 *Morus alba* L.

玉兰 *Magnolia denudata* Dear.

苹果 *Malaus pumila* Mill.

毛桃 *Prumus persica* (L.) Batsch.

山桃 *Prunus davidiana* Franch. (Persica davidiana Carr.)

杏树 *Prunus armenicac* L.

构树 *Broussonetia papyrifera* (L.) Vent.

合欢 *Albizzia julibrissin* Durazz.

洋槐 *Robinia pseudoacucia* L.

槐树 *Sophora japonica* L.

枣树 *Zizyphus jujuba* Mill.

梧桐 *Firmiana simplex* W. F. Wight

白蜡 *Fraxinus chinensis* Roxb.

桂花 *Osmanthus fragrans* Lour.

紫薇 *Lagerstroemia indica* L.

苦楝 *Melia azedarach* L.

栾树 *Koelreuteria paniculata* Laxm.

木棉 *Bombax ceiba*

女贞 *Ligustrum lucidum* Ait.

图附 1-1　水杉

2. 灌木

牡丹 *Paeonia suffruticosa* Andr.

紫荆 *Cercis chinensis* Bge.

紫藤 *Wisteria sinensis* Sweet.

木槿 *Hibiscus syriacus* L.

紫丁香 *Syringa oblata* Lindl.

银翘 *Forsythia suspènsa* (图附 1-2)

图附 1-2 银翘

(二) 草本植物

芍药 *Paeonia lactiflora* Pall. (图附 1-3)

图附 1-3 芍药

野菊花 *Chrysanthemum indicum* L.

波斯菊 *Cosmos bipinnata* Cav.

红蓼 *Polygonum orientale* Linn.

柳穿鱼 *Linaria vulgaris* Mill.

商陆 *Phytolacca acinosa* Roxb

中华补血草 *Limonium sinense*

诸葛菜 *Orychophragmus violaceus*

益母草 *Leonurus japonicus*

二、中国温带、亚热带地区物候观测指标动物种类名称

(一) 候鸟

家燕 *Hirundo rustica*

金腰燕 *Hirundo daurica*

楼燕 *Apusapus*

黄鹂 *Oriolus chinensis diffusus* Sharpe

大杜鹃 *Cuculus canorus* Linnaeus

四声杜鹃 *Cuculus micropterus*

豆雁 *Anser fabalis*

斑头雁 *Anser indicus*

丹顶鹤 *Grus japonensis*（图附 1-4）

图附 1-4 丹顶鹤

黑颈鹤 *Grus nigricollis*

灰鹤 *Grus grus*

白鹤 *Grus japonensis*

赤麻鸭 *Tadorna terruginea*

普通秋沙鸭 *Mergus merganser*

灰头麦鸡 *Microsarcops cinreus*

夜鹭 *Nycticorax nycticorax*

大鸨 *Otis tarda*

大天鹅 *Cygnus cygnus*

小天鹅 *Cygnus columbianus*

金眶鸻 *Charadrius dubius*

东方鸻 *Charadrius veredus*

灰头麦鸡 *Vanellus cinereus*

（二）昆虫

中华蜜蜂 *Apis cerana* Fab. （图附 1-5）

图附 1-5 中华蜜蜂

蚱蝉 *Cryptotympana atrata* Fab.

中华蟋蟀 *Grylluslus chinensis* Weber

鹬舞虻（高原区）*Empis sp.*

水黾 *Aquarius elongatus*

大黄赤蜻 *Sympetrum uniforms* Selys

大陆秋赤蜻 *Sympetrum depressiusculum*

长叶异痣蟌 *Ischnura elegans*

棉蝗 *Chondracris rosea rosea*

中华稻蝗 *Oxya chinensis*

长翅燕蝗 *Eirenephilu longipemmis*

短星翅蝗 *Calliptamus abbreviatus*

云斑车蝗 *Gastrimargus marmoratus*

（三）两栖类

青蛙 *Rana nigromaculata* Hallowell（图附 1-6）

图附 1-6　青蛙

林蛙 *Rana temporaria*

胡子蛙 *Vibrissaphora ailaonica*

牛蛙 *Rana catesbeiana*

中华大蟾蜍 *Bufo bufo gargarizans*

岷山蟾蜍（高原区）*Bufo minshanicus*

西藏蟾蜍（高原区）*Bufo tibetanus*

花背蟾蜍（高原区）*Bufo raddei*

倭蛙（高原区）*Nanorana pleskei*

高原林蛙（高原区）*Rana kukunoris*

(四) 鱼类

鲤鱼 *Cyprinus carpio* (图附 1-7)

图附 1-7 鲤鱼

泥鳅 *Misgurnus anguillicaudatus*
草鱼 *Ctenopharyngodon idellus*
麦穗鱼 *Pseudorasbora parva*
鲢鱼 *Hypophthalmichthys molitrix*
鳙 *Aristichthys nobilis*
鲹鱼 *Carangidae*

三、农作物

水稻 *Oryza sativa*
玉米 *Zea mays*
小麦 *Triticum aestivum* (图附 1-8)
荞麦 *Fagopyrum esculentum*
青稞 *Hordeum vulgare*
菠萝 *Ananas comosus*
杧果 *Mangifera indica*
番木瓜 *Carica papaya*
荔枝 *Litchi chinensis*
龙眼 *Dimocarpus longan*
柑橘 *Citrus reticulata*
大白菜 *Brassica pekinensis*

图附 1-8　小麦

番茄 *Lycopersicon esculentum*

辣椒 *Capsicum annuum*

茄子 *Solanum melongena*

马铃薯 *Solanum tuberosum*

西瓜 *Citrullus lanatus*

黄瓜 *Cucumis sativus*

大豆 *Glycine max*

豇豆 *Vigna unguiculata*

豌豆 *Pisum sativum*

蚕豆 *Vicia faba*

四、气象水文要素

霜（图附 1-9）

雪

严寒开始

土壤表面冻结

水面（池塘、湖泊）结冰

河上薄冰出现

河流封冻

土壤表面解冻

水面（池塘、湖泊、河流）春季解冻

图附 1-9　霜

河流春季流冰
雷声
闪电
虹
植物遭受自然灾害

附录二　物候观测的记录项目

一、植　物

（一）木本植物

1. 针叶类

（1）针叶发青期（出现幼针叶期）。

（2）开花期（散出花粉）：开始散出花粉期；终止散出花粉期。

（3）果实或种子成熟期（变为应有的颜色）。

（4）种子散布或果实脱落期：开始散布或脱落期；散布或脱落末期（松属为种子散布，柏属为果实脱落）。

（5）针叶秋季变色期：开始变黄色期；普遍变黄色期。

2. 阔叶类

（1）萌动期：芽开始膨大期；芽开放期。

（2）展叶期：开始展叶期；展叶盛期。

（3）开花期：花序或花蕾出现期；开花始期；开花盛期；开花末期；第二次开花期。

（4）果熟期：果实或种子成熟期；果实或种子脱落开始末期。

（5）新梢生长期：一次梢开始生长期，一次梢停止生长期；二次梢开始生长期，二次梢停止生长期；三次梢开始生长期，三次梢停止生长期。

（6）叶秋季变色期：叶开始变色期；叶全部变色期。

（7）落叶期：开始落叶期；落叶末期。

注：各发育期如不能全部观测，可以简化只观测记录芽开放期（最先开放的芽），开始展叶期（针叶树为幼针出现期），开花始期，开花盛期，开花末期，果实成熟期，秋季叶全部变色期，落叶末期。

（二）草本植物

（1）萌动期：地下芽出土期或地面芽变绿色期。

（2）展叶期：开始展叶期；展叶盛期。

（3）开花期：花序或花蕾出现期；开花始期；开花盛期；开花末期；第二次开花期。

（4）果实或种子成熟期：果实开始成熟期；果实全熟期；果实脱落开始期；种子散

布期。

（5）黄枯期：开始黄枯期；普遍黄枯期；安全黄枯期。

注：各发育期如不能全部观测记录，可以只记录开花始期，开花盛期，开花末期。

二、动　　物

（一）候鸟

家燕：春季始见日期；秋季群飞离去日期（最好能记录初来营巢的日期，秋季离巢南去的日期）。

金腰燕：春季始见日期；秋季群飞离去日期（同家燕）。

楼燕：春季始见日期；秋季群飞离去日期（同家燕）。

黄鹂：夏季始鸣日期。

杜鹃：春季始鸣日期；夏季终鸣日期。

豆雁：春季飞来（由南向北飞）日期；秋季飞去（由北向南飞）日期。

（二）昆虫

蜜蜂：春季群飞日期。

蚱蝉：夏季始鸣日期；秋季终鸣日期。

蟋蟀：秋季始鸣日期；秋季终鸣日期。

（三）两栖类

蛙：春季始鸣日期。

三、农作物

禾本科粮食作物：播种、出苗、第三叶出现、分蘖、拔节、抽穗、开花、乳熟、蜡熟、完熟等日期。

棉花：播种、出苗、第三真叶出现、现蕾、开花、吐絮等日期。

农业田间工作的观察：耕地、耙地、施肥、灌水、中耕、培土、间苗、除草、收获等日期。

四、气象水文现象

霜：秋冬初霜日期；春季终霜日期；植物遭受霜冻，记植物名称、受害日期、受害程度（以％表示），以及植物在哪个发育时期。

雪：冬季初雪日期；春季终雪日期；冬季初次雪覆盖（物候观测点附近地面一半为雪

掩盖，即为雪覆盖）地面日期；在平坦地面上雪覆盖，除此融化显露地面日期及完全融化（低凹处）全部露出地面的日期。

严寒开始：阴暗处开始结冰日期。

土壤表面冻结：土壤表面开始冻结日期（以大田为准）。

水面（池塘、湖泊结冰）：岸边有薄冰块，水面全部结冰日期。

河上薄冰出现：第一次结薄冰日期（一般岸边先结冰，以看岸边为准）。

河流封冻：开始形成冰的日期；最后完全封冻的日期。

土壤表面解冻：土壤表面开始解冻日期（解冻后又结冰，以最早开始解冻日期为准）。

水面（池塘、湖泊、河流）春季解冻：开始解冻日期（解冻后又结冰，以最早开始解冻日期为准）；完全解冻日期（完全解冻后又结冰，以最早完全解冻日期为准）。

河流春季流冰：流冰开始日期；流冰终了日期。

雷声：春季初次闻雷声日期；秋季或冬季最后闻雷声日期（每次闻雷宜记录）。

闪电：春季初次见闪电日期；秋季或冬季最后见闪电日期（每次闪电宜记录）。

虹：在一年里第一次见虹日期；最后见虹日期（每次见虹宜记录）。

植物遭受自然灾害：植物遭受严寒（春季解冻以后的低温）、干旱、洪涝、大风、冰雹等地严重损失，记录受害的植物名称、受害的日期、损害程度（以％表示），以及植物在哪个时期发育。

附录三　平年各日顺序累积天数表

	一月	二月	三月	四月	五月	六月	七月	八月	九月	十月	十一月	十二月
1	1	32	60	91	121	152	182	213	244	274	305	335
2	2	33	61	92	122	153	183	214	245	275	306	336
3	3	34	62	93	123	154	184	215	246	276	307	337
4	4	35	63	94	124	155	185	216	247	277	308	338
5	5	36	64	95	125	156	186	217	248	278	309	339
6	6	37	65	96	126	157	187	218	249	279	310	340
7	7	38	66	97	127	158	188	219	250	280	311	341
8	8	39	67	98	128	159	189	220	251	281	312	342
9	9	40	68	99	129	160	190	221	252	282	313	343
10	10	41	69	100	130	161	191	222	253	283	314	344
11	11	42	70	101	131	162	192	223	254	284	315	345
12	12	43	71	102	132	163	193	224	255	285	316	346
13	13	44	72	103	133	164	194	225	256	286	317	347
14	14	45	73	104	134	165	195	226	257	287	318	348
15	15	46	74	105	135	166	196	227	258	288	319	349
16	16	47	75	106	136	167	197	228	259	289	320	350
17	17	48	76	107	137	168	198	229	260	290	321	351
18	18	49	77	108	138	169	199	230	261	291	322	352
19	19	50	78	109	139	170	200	231	262	292	323	353
20	20	51	79	110	140	171	201	232	263	293	324	354
21	21	52	80	111	141	172	202	233	264	294	325	355
22	22	53	81	112	142	173	203	234	265	295	326	356
23	23	54	82	113	143	174	204	235	266	296	327	357
24	24	55	83	114	144	175	205	236	267	297	328	358
25	25	56	84	115	145	176	206	237	268	298	329	359
26	26	57	85	116	146	177	207	238	269	299	330	360
27	27	58	86	117	147	178	208	239	270	300	331	361
28	28	59	87	118	148	179	209	240	271	301	332	362
29	29	—	88	119	149	180	210	241	272	302	333	363
30	30	—	89	120	150	181	211	242	273	303	334	364
31	31	—	90	—	151	—	212	243	—	304	—	365

注：若是闰年则2月29日为第60天，自3月1日起顺序增加1天。

附录二　中国主要城市日出日落表

日期		北京				天津				石家庄				太原				呼和浩特				沈阳				长春				哈尔滨				上海				南京				台北			
月	日	时	分	时	分	时	分	时	分	时	分	时	分	时	分	时	分	时	分	时	分	时	分	时	分	时	分	时	分	时	分	时	分	时	分	时	分	时	分	时	分	时	分
1	1	7	37	17	00	7	31	16	59	7	39	17	13	7	46	17	21	7	58	17	16	7	14	16	26	7	13	16	12	7	15	16	00	6	53	17	03	7	06	17	11	6	39	17	16
1	11	7	36	17	09	7	30	17	08	7	39	17	22	7	46	17	30	7	57	17	26	7	13	16	36	7	12	16	22	7	13	16	10	6	54	17	11	7	07	17	19	6	41	17	23
1	21	7	32	17	20	7	27	17	19	7	35	17	33	7	42	17	40	7	53	17	37	7	08	16	47	7	07	16	34	7	07	16	23	6	52	17	19	7	05	17	28	6	40	17	30
2	1	7	24	17	34	7	19	17	32	7	27	17	45	7	35	17	53	7	44	17	50	6	59	17	01	6	56	16	49	6	56	16	39	6	47	17	29	6	59	17	38	6	37	17	39
2	11	7	13	17	46	7	08	17	44	7	18	17	56	7	25	18	04	7	33	18	03	6	48	17	14	6	44	17	03	6	43	16	54	6	40	17	38	6	51	17	47	6	31	17	45
2	21	7	00	17	57	6	56	17	55	7	06	18	07	7	13	18	15	7	20	18	16	6	34	17	26	6	29	17	16	6	27	17	08	6	30	17	46	6	42	17	56	6	24	17	52
3	1	6	49	18	06	6	45	18	03	6	55	18	15	7	02	18	23	7	08	18	24	6	22	17	36	6	17	17	27	6	13	17	20	6	22	17	52	6	33	18	02	6	17	17	56
3	11	6	34	18	17	6	30	18	14	6	40	18	25	6	48	18	33	6	53	18	35	6	06	17	48	5	59	17	39	5	55	17	33	6	10	17	59	6	21	18	10	6	08	18	01
3	21	6	18	18	27	6	14	18	24	6	25	18	35	6	33	18	42	6	36	18	46	5	49	17	59	5	41	17	52	5	36	17	47	5	58	18	06	6	08	18	17	5	57	18	05
4	1	6	00	18	39	5	57	18	35	6	08	18	45	6	16	18	52	6	18	18	58	5	30	18	11	5	21	18	05	5	15	18	01	5	44	18	13	5	54	18	24	5	46	18	10
4	11	5	44	18	49	5	41	18	44	5	53	18	54	6	01	19	02	6	02	19	08	5	13	18	22	5	04	18	17	4	56	18	14	5	32	18	20	5	42	18	31	5	36	18	15
4	21	5	29	18	59	5	27	18	54	5	39	19	03	5	47	19	11	5	46	19	19	4	58	18	33	4	47	18	29	4	38	18	27	5	20	18	26	5	30	18	38	5	27	18	19
5	1	5	16	19	09	5	14	19	04	5	27	19	13	5	34	19	20	5	32	19	29	4	43	18	44	4	31	18	41	4	22	18	40	5	10	18	33	5	19	18	45	5	19	18	24
5	11	5	04	19	19	5	03	19	13	5	16	19	22	5	24	19	29	5	21	19	39	4	31	18	55	4	18	18	53	4	08	18	53	5	02	18	40	5	11	18	52	5	12	18	29
5	21	4	55	19	28	4	54	19	22	5	07	19	31	5	15	19	38	5	11	19	49	4	21	19	05	4	08	19	04	3	56	19	06	4	55	18	47	5	04	18	59	5	07	18	34

（续表）

月	日	北京 时	分	时	分	天津 时	分	时	分	石家庄 时	分	时	分	太原 时	分	时	分	呼和浩特 时	分	时	分	沈阳 时	分	时	分	长春 时	分	时	分	哈尔滨 时	分	时	分	上海 时	分	时	分	南京 时	分	时	分	台北 时	分	时	分
6	1	4	48	19	37	4	47	19	31	5	01	19	39	5	09	19	46	5	04	19	58	4	14	19	14	4	00	19	14	3	47	19	15	4	51	18	53	5	00	19	06	5	04	18	39
6	11	4	46	19	43	4	45	19	37	4	59	19	45	5	07	19	52	5	01	20	05	4	11	19	21	3	56	19	21	3	43	19	23	4	50	18	58	4	58	19	11	5	03	18	44
6	21	4	46	19	47	4	45	19	41	4	59	19	48	5	07	19	55	5	02	20	08	4	11	19	24	3	56	19	25	3	43	19	27	4	50	19	01	4	59	19	14	5	05	18	46
7	1	4	49	19	47	4	49	19	41	5	03	19	49	5	11	19	56	5	05	20	09	4	15	19	25	4	00	19	25	3	47	19	27	4	53	19	02	5	02	19	15	5	07	18	48
7	11	4	55	19	45	4	54	19	39	5	08	19	47	5	16	19	54	5	11	20	06	4	21	19	22	4	06	19	21	3	54	19	23	4	58	19	01	5	07	19	14	5	11	18	47
7	21	5	03	19	39	5	02	19	33	5	15	19	41	5	23	19	48	5	19	20	00	4	29	19	15	4	15	19	14	4	04	19	15	5	04	18	57	5	13	19	10	5	16	18	44
8	1	5	13	19	29	5	11	19	23	5	24	19	32	5	32	19	39	5	29	19	50	4	40	19	05	4	26	19	03	4	16	19	02	5	11	18	50	5	20	19	02	5	21	18	39
8	11	5	22	19	17	5	20	19	12	5	33	19	21	5	41	19	28	5	39	19	38	4	50	18	52	4	38	18	49	4	28	18	49	5	17	18	41	5	26	18	53	5	26	18	32
8	21	5	31	19	04	5	29	18	59	5	42	19	08	5	50	19	16	5	49	19	24	5	00	18	38	4	49	18	34	4	40	18	32	5	23	18	31	5	33	18	43	5	30	18	24
9	1	5	42	18	47	5	39	18	43	5	51	18	53	5	59	19	00	6	00	19	06	5	11	18	20	5	01	18	15	4	54	18	12	5	30	18	18	5	40	18	30	5	34	18	13
9	11	5	51	18	31	5	48	18	27	6	00	18	37	6	08	18	45	6	09	18	50	5	22	18	03	5	13	17	57	5	06	17	55	5	36	18	06	5	46	18	17	5	38	18	03
9	21	6	01	18	14	5	58	18	11	6	09	18	22	6	16	18	29	6	19	18	33	5	32	17	46	5	24	17	39	5	18	17	34	5	42	17	53	5	52	18	04	5	42	17	52
10	1	6	10	17	58	6	07	17	55	6	17	18	06	6	25	18	14	6	29	18	16	5	42	17	29	5	36	17	21	5	31	17	15	5	48	17	40	5	58	17	50	5	46	17	41
10	11	6	20	17	42	6	17	17	39	6	27	17	51	6	34	17	59	6	40	18	00	5	53	17	12	5	48	17	03	5	44	16	56	5	54	17	28	6	05	17	38	5	50	17	31
10	21	6	31	17	27	6	27	17	25	6	36	17	37	6	44	17	45	6	51	17	45	6	05	16	56	6	00	16	46	5	57	16	38	6	01	17	16	6	12	17	26	5	55	17	22
11	1	6	43	17	13	6	38	17	11	6	48	17	24	6	55	17	31	7	03	17	30	6	18	16	41	6	14	16	30	6	13	16	21	6	09	17	06	6	21	17	15	6	01	17	14
11	11	6	55	17	02	6	49	17	01	6	58	17	14	7	06	17	22	7	15	17	19	6	30	16	30	6	27	16	16	6	27	16	07	6	18	16	59	6	30	17	08	6	08	17	08
11	21	7	06	16	55	7	01	16	53	7	09	17	07	7	16	17	15	7	27	17	11	6	42	16	22	6	40	16	08	6	41	15	57	6	26	16	54	6	39	17	03	6	15	17	05
12	1	7	17	16	50	7	11	16	49	7	19	17	03	7	26	17	11	7	38	17	06	6	54	16	17	6	52	16	03	6	53	15	51	6	35	16	51	6	47	17	00	6	22	17	04
12	11	7	26	16	50	7	20	16	49	7	28	17	03	7	35	17	11	7	47	17	06	7	03	16	16	7	03	16	01	7	04	15	49	6	42	16	52	6	55	17	01	6	29	17	06

附录五　中国潮汐表（2017 年）

大连 11 月 07 日　潮汐表

潮时（Hrs）	02：41	09：27	15：18	21：18
潮高（cm）	275	86	214	84

秦皇岛 11 月 07 日　潮汐表

潮时（Hrs）	12：51	22：38
潮高（cm）	130	49

连云港 11 月 07 日　潮汐表

潮时（Hrs）	05：49	11：17	18：07
潮高（cm）	190	414	134

广州 11 月 07 日　潮汐表

潮时（Hrs）	05：19	14：50	21：17
潮高（cm）	194	39	166

海口 11 月 07 日　潮汐表

潮时（Hrs）	10：17	21：47
潮高（cm）	219	102

威海 11 月 07 日　潮汐表

潮时（Hrs）	02：36	09：39	16：10	21：48
潮高（cm）	194	53	164	96

宁波 11 月 07 日　潮汐表

潮时（Hrs）	05：13	11：01	17：48
潮高（cm）	197	103	273

厦门 11 月 07 日 潮汐表

潮时（Hrs)	04：49	11：17	17：50
潮高（cm)	488	164	510

北海 11 月 07 日 潮汐表

潮时（Hrs)	10：17	20：27
潮高（cm)	409	140

香港（维多利亚）11 月 07 日 潮汐表

潮时（Hrs)	00：56	09：40	16：56	19：46
潮高（cm)	202	95	162	160

澳门 11 月 07 日 潮汐表

潮时（Hrs)	01：29	10：20	18：29	21：10
潮高（cm)	274	143	225	222

高雄 11 月 07 日 潮汐表

潮时（Hrs)	00：15	08：48
潮高（cm)	82	26

附录六 北京松山植物物候观测（1988—1989 年）

松山自然保护区内无气象记录，通过植物物候观测可以初步了解松山的季节性和一年中植物展叶、开花、结果和落叶休眠等生长发育规律，以便为松山自然保护区内的植物资源保护和利用提供科学资料。

松山植物物候观测现在只有 1988—1989 两年记录。对 41 种木本植物进行了全年系统观测，记录了 90 多种植物的初花期。观测地点从佛峪口水库附近至大庄科村，海拔 700m 至 900m，由刘振玉同志常年观测。这份资料是由 1988 年和 1989 年这两年的观测记录整理而成，文中插图由任民绘制，颐和园物候资料根据徐旭红观测记录整理而成。

一、由松山植物物候谱看松山的气候条件

根据 41 种木本植物的展叶期、开花期、果熟期、叶变色期、落叶期和休眠期绘制成松山树木物候谱（图附 6-1）。从树木物候谱可以看出，松山植物生长发育期是 4 月上旬至 10 月下旬，共计约 210 天。开花最早的是榛和毛榛，在 4 月上旬先叶开放，其次是白榆、山桃等。大多数木本植物到了 9 月下旬叶子开始变色，10 月中旬大量落叶，10 月下旬多数木本植物都落掉叶子，进入休眠期。酸枣有叶天数仅为 150 多天。

根据 1988—1989 年春季松山植物物候期与颐和园植物物候期的比较可知，松山植物物候期比颐和园晚 13～17 天，平均约晚 15 天（表附 6-1）。

表附 6-1　1988 与 1989 年松山与颐和园植物物候期比较表

植　　物	1988 年						1989 年					
	展叶初期			开花初期			展叶初期			开花初期		
	松	颐	差（天）	松	颐	差（天）	松	颐	差（天）	松	颐	差（天）
旱柳（Salix maisudana）	4.28	4.10	18	4.26	4.12	14	4.11	3.25	17	4.13	3.27	17
小叶朴（Celtis nungeana）	5.2	4.20	12	4.27	4.17	10	4.21	4.3	18	4.15	4.1	14
白榆（Ulmus pumila）	4.28	4.15	13	—	—	—	4.12	3.29	14	4.1	3.10	21
山杏（Amygdalsu davidiana）	4.28	4.9	19	4.18	3.28	21	4.2	3.21	12	4.6	3.17	20
蒙古栎（Quercus mongolica）	5.1	4.16	15	5.8	4.20	18	4.18	4.3	15	4.24	4.3	11
臭椿（Ailanthus altissima）	5.10	4.3	27	6.13	5.24	19	4.23	4.16	7	6.10	5.20	21
酸枣（Ziziphus jujuba var. spinosa）	5.13	5.3	10	6.15	6.1	14	5.2	4.16	16	6.13	5.25	19

（续表）

植　物	1988 年						1989 年					
	展叶初期			开花初期			展叶初期			开花初期		
	松	颐	差（天）	松	颐	差（天）	松	颐	差（天）	松	颐	差（天）
刺槐（*Robinia pseudoacacia*）	5.10	4.8	22	5.23	5.1	22	4.21	4.13	8	5.19	4.27	21
胡桃（*Juglans regia*）	5.2	4.16	16	5.3	4.25	13	4.18	5.5	13	4.22	4.7	15

（1988—1989年平均，海拔700~900m）

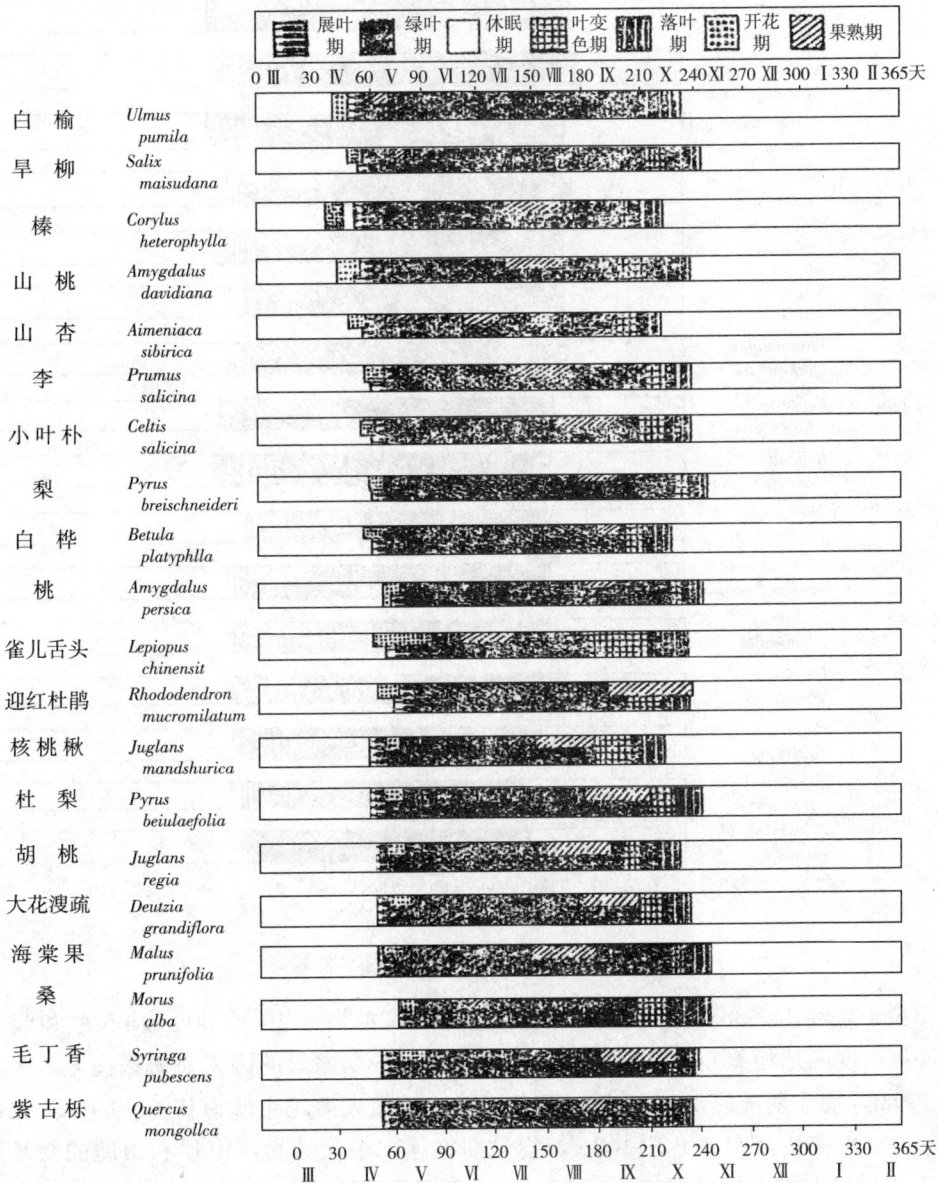

图例：展叶期　绿叶期　休眠期　叶变色期　落叶期　开花期　果熟期

白榆	*Ulmus pumila*
旱柳	*Salix maisudana*
榛	*Corylus heterophylla*
山桃	*Amygdalus davidiana*
山杏	*Aimeniaca sibirica*
李	*Prumus salicina*
小叶朴	*Celtis salicina*
梨	*Pyrus breischneideri*
白桦	*Betula platyphlla*
桃	*Amygdalus persica*
雀儿舌头	*Lepiopus chinensit*
迎红杜鹃	*Rhododendron mucromilatum*
核桃楸	*Juglans mandshurica*
杜梨	*Pyrus beiulaefolia*
胡桃	*Juglans regia*
大花溲疏	*Deutzia grandiflora*
海棠果	*Malus prunifolia*
桑	*Morus alba*
毛丁香	*Syringa pubescens*
紫古栎	*Quercus mongollca*

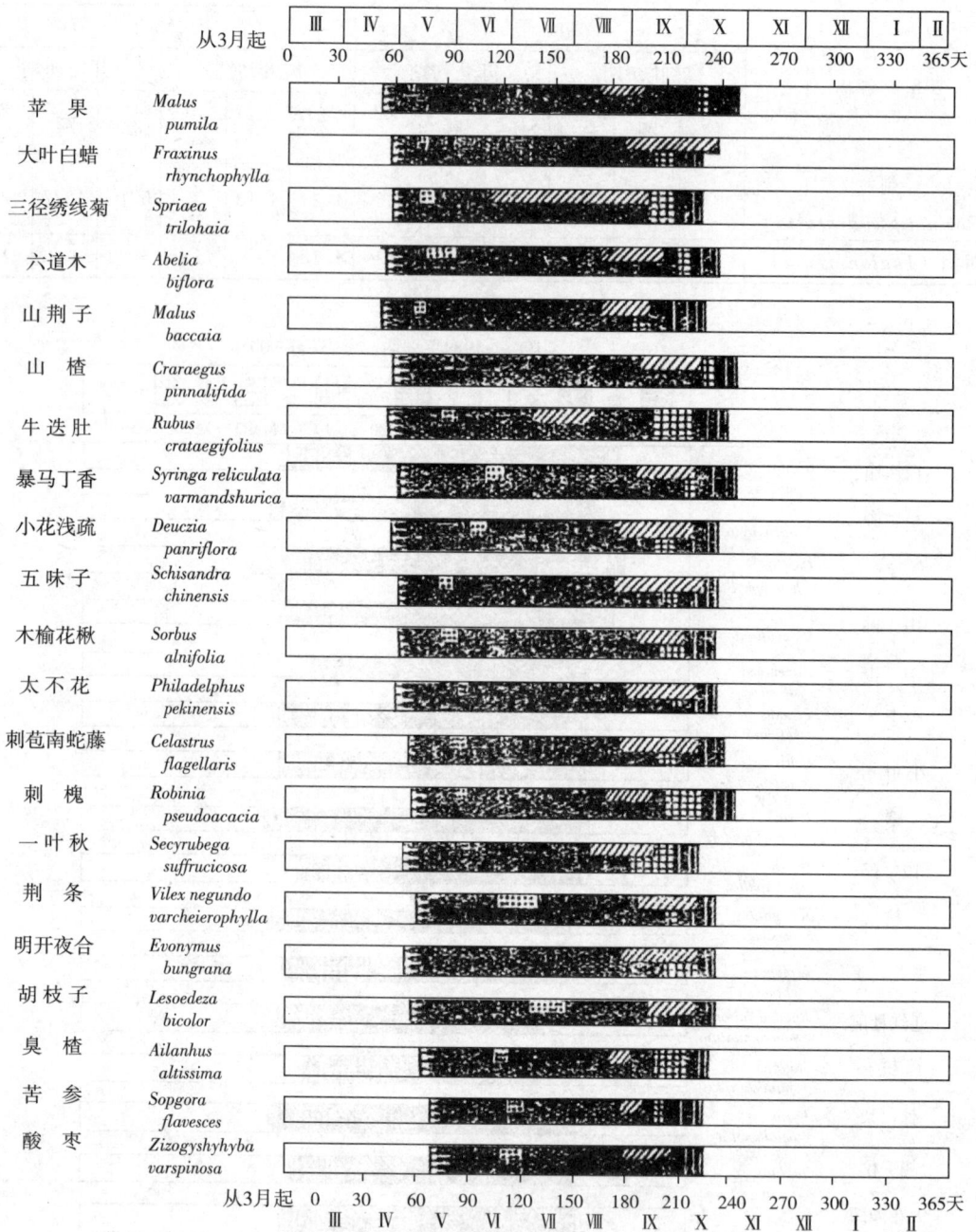

图附 6-1　北京松山主要乔灌木物候普

松山位于东经 115°38′30″～115°39′30″和北纬 40°32′30″～40°33′00″，均和颐和园相差不多，而海拔高度两地相差 600 多米，足见造成两地物候期差异的因素是海拔高差。大约海拔每升高 100m，物候期推迟 1～1.5 天。照此规律，松山大海坨主峰海拔 2199.6m，比山下相对高 1500m，以海拔高度每上升 100m，物候期推迟 1.5 天计算，山顶和山麓的物候期相差 18 天。每年物候期有一定的变幅，1988—1989 年春季物候期变幅为 14～15 天（表附 6-2）。

表附 6-2　1988—1989 年松山植物物候期比较表

植　　　物	展叶初期			开花初期		
	1988 年	1989 年	差（天）	1988 年	1989 年	差（天）
旱柳（*Salix maisudana*）	4.28	4.11	17	4.26	4.13	13
小叶朴（*Celtis nungeana*）	5.2	4.21	11	4.27	4.15	12
白榆（*Ulmus pumila*）	4.28	4.12	16	4.17	4.1	16
山桃（*Amygdalus davidiana*）	4.28	4.2	26	4.18	4.6	12
蒙古栎（*Quercus mongolica*）	5.1	4.18	13	5.8	4.24	14
臭椿（*Ailanthus altissima*）	5.10	4.23	17	6.13	6.10	13
酸枣（*Ziziphus jujuba var. spinosa*）	5.13	5.2	11	6.15	6.13	2
刺槐（*Robinia pseudoacacia*）	5.10	4.21	19	5.23	5.19	4
胡桃（*Juglans regia*）	5.2	4.18	14	5.8	4.22	16
两年相差天数	16			11.3		

二、松山 4～6 月植物初花物候期

观测植物开花期对植物栽培、育种引种、观赏旅游和养蜂事业等都有实践意义。这里记录了松山 90 多种植物初花物候期（表附 6-3）。从中选出有代表性的植物 27 种，绘制了松山 4～6 月植物初花期日历（图附 6-2）。本书中只写出植物中文名，拉丁学名见松山植物名录。由于时间和人力关系，本次未对海拔 900m 以上的植物进行物候观测。

表附 6-3　松山植物初花期（1988—1989 年）

植物	初花期	植物	初花期	植物	初花期	植物	初花期	植物	初花期
榛	4.5	北京忍冬	4.22	白屈菜	4.27	长瓣铁线莲	5.15	五福花	5.25
白榆	4.9	雀儿舌头	4.22	早熟禾	4.27	牛送肚	5.15	野罂粟	5.25
山桃	4.12	深山堇菜	4.23	点地梅	4.28	五味子	5.15	太平花	5.28
山杨	4.15	阴地堇菜	4.23	大花溲疏	4.29	山榆花楸	5.16	异叶败酱	5.29
荠菜	4.15	毛金腰	4.23	杜梨	4.29	黄精	5.18	麻黄	5.29
山杏	4.16	裂叶堇菜	4.23	桃	5.1	山楂	5.19	玫瑰	6.3
蚂蚱腿子	4.16	附地菜	4.24	蒙古栎	5.1	鼠李	5.19	徐长卿	6.3
黄花儿柳	4.17	糙黄芪	4.24	胡桃	5.1	金长忍冬	5.20	小花溲疏	6.3
大果榆	4.17	耧斗菜	4.24	核桃楸	5.1	东北茶藨子	5.20	暴马丁香	6.10
早开堇菜	4.18	白梨	4.24	毛丁香	5.2	鸡腿堇菜	5.20	棉团铁线莲	6.10
蒲公英	4.19	李	4.24	山荆子	5.3	毛茛	5.20	臭椿	6.11
米口袋	4.19	鸦葱	4.25	桑	5.4	刺槐	5.21	水毛茛	6.13
旱柳	4.19	苦菜	4.25	苹果	5.4	卫矛	5.21	酸枣	6.14
白头翁	4.20	红花锦鸡儿	4.25	杏	5.4	刺梨	5.21	花葱	6.14
小龙胆	4.20	迎红杜鹃	4.25	三裂绣线菊	5.8	刺苞南蛇藤	5.22	红丁香	6.14
小叶朴	4.20	沙柳	4.25	大叶白蜡	5.8	胭脂花	5.22	知母	6.15
支柱蓼	4.21	紫石蒲	4.26	祁州漏芦	5.11	百蕊草	5.22	明开夜合	6.16
白桦	4.21	小叶鼠李	4.26	六道木	5.11	一叶萩	5.25	苦参	6.17
河北堇菜	4.21	地黄	4.27	银线草	5.14	地稍瓜	5.25	荆条	6.18

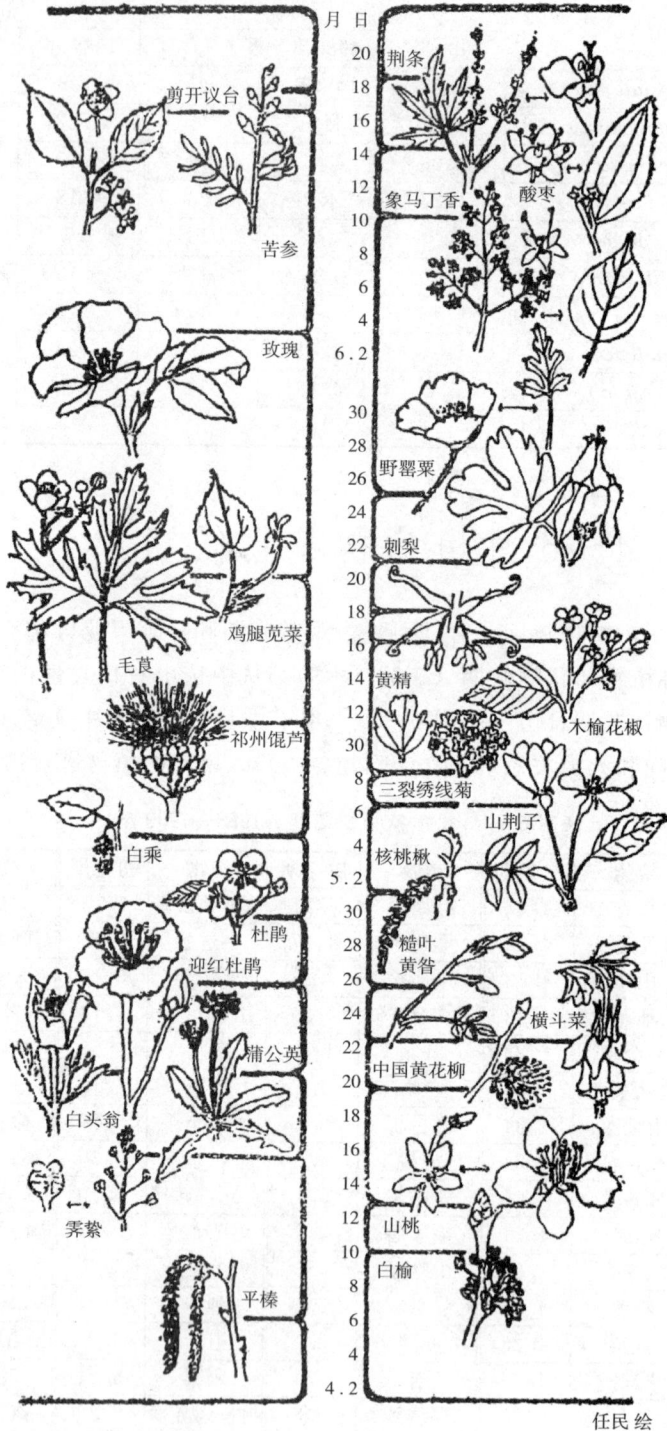

剪开议台
苦参
玫瑰
鸡腿苋菜
毛茛
祁州馄芦
白乘
杜鹃
迎红杜鹃
蒲公英
白头翁
雾絮
平榛

荆条
象马丁香　酸枣
野罂粟
刺梨
黄精
木榆花椒
三裂绣线菊
山荆子
核桃楸
糙叶黄耆
横斗菜
中国黄花柳
山桃
白榆

任民 绘

图附 6-2　松山 4~6 月植物初花物日历（1985—1989 年）

编写说明

　　本书在编写过程中，参考了国内外大量鸟类学资料，并选用部分鸟类生态照片，因作者较多，无法取得联系，在此表示感谢。请相关鸟类图片作者与本书作者（单位：广州民航职业技术学院；地址：广州白云区机场路向云西街10号）联系，我们将赠送本书并支付相应的报酬。